GW01605650

GIULIO CESARE GIACOBBE

Come smettere di farsi le seghe mentali e godersi la vita

PONTE ALLE GRAZIE

Per contattare l'autore: giuliocesare.giacobbe@fastwebnet.it

Prima edizione: settembre 2003
Dodicesima ristampa: novembre 2004

ISBN 88-7928-662-5

A mio figlio Yuri,
che avrebbe sorriso con affettuosa indulgenza
di questa sciocchezza

Premessa

Scritta dall'autore medesimo[1]

Questo libro l'ho scritto sollecitato dai miei studenti, i quali mi hanno fatto osservare che è giusto mettere per iscritto le cose che si dicono perché è una questione di coerenza (i giovani fanno sempre questioni di principio: non hanno ancora imparato che è una cosa pericolosissima).

Non so se l'hanno fatto per aiutarmi o per incastrarmi.

Propendo per la seconda ipotesi.

D'altro canto anche loro hanno diritto a vendicarsi.

Per parte mia, io mi vendico di loro usando il loro linguaggio: spero si rendano conto fino a che punto è indecente.

Poiché la mia filosofia è di vedere il lato positivo di ogni situazione, cercherò di fare del mio cedimento un successo: cercherò di conferire a questo libretto dei primati.

[1] Avrai notato che tutti i libri normali hanno una premessa scritta da un critico o da uno che se la tira di intendersene. Io non ho trovato un cane disposto a rovinarsi la reputazione scrivendo la premessa a questo mio sconcio libretto. Per cui ho dovuto scrivermela da solo.

Questo vorrebbe infatti essere il primo (e si spera anche l'ultimo) libro al mondo che si rivolge esplicitamente sia ai maschi che alle femmine con una faticosissima nomenclatura del tipo «sei contento/a?».

Questo perché io mi identifico sia con l'Uomo che con la Donna.[2]

Spero che questo meschino espediente faccia passare questo mio libruncolo alla Storia (si fa di tutto per diventare famosi, anche le cose più idiote e più turpi).

Se sarà per questa sola curiosità, mi starà benissimo.

Il titolo lo hanno voluto i miei studenti.

Io ho cercato di trovare un titolo diverso, ma non ci sono riuscito: non esiste nella lingua italiana un'espressione raffinata che dica la stessa cosa con la stessa efficacia di «seghe mentali».

Ancora una volta i giovani hanno avuto ragione.

Molti editori a cui ho presentato questo libro mi hanno detto che il titolo è sconcio e che se non lo cambio non me lo pubblicano.

Ma per fedeltà ai miei studenti e alla bella lingua popolare italiana ho giurato che non lo cambio neppure se minacciato con un bazooka infilato in bocca[3] (con un cannone devo pensarci).

Finalmente ho trovato un editore coraggioso.

A giudicare dal titolo, questo libro sembra una belina-

[2] La vera ragione è che voglio arruffianarmi le donne per essere adorato da loro (antico sogno maschile) e diventare uno dei pochi uomini al mondo a cui esse non danno del maschilista (moderno sogno impossibile). Se poi si attaccano al fatto che prima c'è il maschile e soltanto dopo il femminile, ebbene, allora glielo devo proprio dire: sono davvero delle rompiballe!

[3] Penserai giustamente: ma che bocca ha, questo tizio?

ta,[4] ma in realtà è serissimo: è infatti un ***manuale pratico di autoprevenzione e autoterapia delle nevrosi*** che si avvale di tecniche psicologiche orientali come lo Yoga e il Buddhismo Zen (materia seria, no?).[5]

Non ho usato codesto ultimo titolo perché se si capisse subito che questo è un libro così serio e impegnativo da mettere chiunque nella condizione di guarire da solo la sua adorata nevrosi, non lo comprerebbe nessuno.

Spero solo che tu non sia uno di quei lettori furbissimi che prima di comprare un libro si leggono la Premessa.

Se è così, sono fregato.

Però aspetta, ti supplico, prima di rinunciare all'acquisto.[6]

Pensaci bene, potrebbe essere il più grande errore della tua vita (e della mia): esso ti offre infatti la possibi-

[4] Espressione dialettale genovese corrispondente al milanese «pirlata», al napoletano «cazzata», al siciliano «minchiata» ecc. ecc. Sono costretto a notare con rammarico e raccapriccio che l'organetto è comunemente considerato da tutti i popoli molto stupido (come si evince dall'espressione «testa di ...»). Questo mi fa pensare (male). Ma cosa vuol dire? Che l'organetta è considerata intelligente? O gentile lettrice, si metta una mano sulla «coscienza», si guardi «dentro», e si risponda sinceramente: è proprio così? Mi viene il sospetto che siate state proprio voi signore a mettere in giro una storia del genere. Aveva ragione Freud: tutta invidia.

[5] Persone più serie di me hanno visto nel Buddhismo Zen una forma di psicoterapia addirittura paragonabile alla psicoanalisi (la più seria – e tragica – delle psicoterapie!): vedi Fromm-Suzuki-De Martino, *Psicoanalisi e Buddhismo Zen*, Ubaldini, Roma, 1968.

[6] Anche questo espediente meschino della supplica dell'autore al lettore può costituire un interessante precedente storico. Mi piacerebbe essere citato nel *Guinness dei Primati* (quello dei casi eccezionali, non quello delle scimmie). Le Sezioni «Facce di bronzo» o «Proposte indecenti» mi andrebbero benissimo.

lità di partecipare a un mucchio di concorsi interessantissimi.[7]

Se invece lo hai già comprato e dopo la lettura di questa Premessa lo getti nel cesso disgustato,[8] magari gridando qualche frase oscena e maligna nei miei confronti, allora sappi che non me ne importa niente, tanto i soldi li hai già cacciati.

Piuttosto, conto sulla cattiveria del genere umano: quando scoprirai che a leggerlo, questo libro, ci si può anche stare male, vedrai che ti precipiterai a comprarne una valanga di copie. Per toglierti la soddisfazione di regalarle ai tuoi amici e vendicarti di tutti i favori che ti hanno fatto facendoti sentire in debito con loro, che è una cosa assolutamente insopportabile!

E poi la soddifazione che si prova a dare del nevrotico a un altro (più si è nevrotici più questa soddisfazione è sublime). Senza dirglielo in faccia, anzi facendoci anche un figurone regalandogli questo libro, che è come dirgli: «Curati, che sei un nevrotico». Una figata!

Se poi qualcuno trarrà incredibilmente un qualsiasi giovamento da questo libruncolo,[9] è pregato di versare una

[7] Praticamente ho copiato la tecnica di vendita dei detersivi senza spendere un euro. Furbo, no? Se sei uno di quei consumatori che si mangiano tonnellate di formaggini fatti con le unghie dei maiali e di maionese fatta con i cambi dell'olio delle automobili per la soddisfazione di raccogliere milioni di bollini e di spedirli a un centro di raccolta posto nel deserto del Sahara, questo, o mio adorato lettore, è il libro che fa per te! Vedrai come ti diverti!

[8] Disgustato tu, non il cesso, per quanto il cesso abbia motivi molto più seri dei tuoi per essere disgustato. E poi, non ce l'hai un cestino per la carta come tutti i cristiani?

[9] È troppo piccolo per metterselo sotto il sedere e simulare un'altezza imponente in un pranzo importante, ma riscaldato adeguata-

generosa somma sul c/c postale intestato a «Comitato di assistenza ad autori di manuali sulle tecniche di eliminazione delle seghe mentali, presso G.C.Giacobbe, Genova». Grazie.

mente e tenuto sulla pancia può forse agevolare una digestione difficile; sotto le ascelle, poi, può far maturare brufoli, ascessi, bubboni e «occhi di pernice» (sotto le ascelle gli occhi di pernice sono rarissimi ma quando vengono sono bestiali!).

Capitolo primo

Dei segaioli mentali

Questo libro

Questo libro, come promette il titolo, cerca di insegnarti a smettere di farti le seghe mentali e quindi a goderti la vita.

Perché sì, per goderti la vita, è sufficiente che smetti di farti le seghe mentali.

Infatti, dal momento che il male di cui soffri è quasi tutto mentale, è evidente che è così, no?

Ma vuoi davvero smettere di farti le seghe mentali?

Vuoi davvero goderti la vita?

Non è una domanda stupida: ci sono scemi che godono come ricci a farsi del male e s'incazzano come coyote quando qualcuno glielo impedisce.

Se non appartieni a questa categoria (quella dei masochisti), vai avanti nella lettura di questo libro: ti potrà servire un casino.

Se invece appartieni alla categoria dei masochisti, vai avanti lo stesso: già leggere un libro che consideri inutile ti procurerà una sofferenza (e quindi un piacere) mica da niente; il fatto poi di farti del male da solo non mettendolo in pratica ti procurerà un piacere infernale.

Il tutto senza dover chiedere l'aiuto di nessuno (che già

quando qualcuno ti dà un aiuto vuole sempre qualcosa in cambio, anche qualcosa di *molto* disdicevole).

Comunque a me, che tu vada avanti a leggere oppure no, francamente non me ne importa niente.

Tanto il libro lo hai già comprato.

Piuttosto, *non imprestarlo*!

Lascia che anche gli altri facciano la belinata di comprarlo (e se proprio non se lo vogliono comprare tu fregali regalandoglielo) e godi al pensiero che addirittura qualcuno sarà così masochista da leggerlo.

Come te.

Se vedi uno/a ...

Se vedi uno/a[1] aggirarsi con lo sguardo assente, la camminata automatica, il corpo rigido e le braccia abbandonate lungo i fianchi, non allarmarti: non è il prototipo di un robot a perfetta imitazione dell'uomo collaudato segretamente dalla NASA, né si tratta di uno zombie o di un «posseduto» da invasori extraterrestri; non è neppure una comparsa impazzita scappata dal set di un film del terrore: è uno/a che si fa le seghe mentali.

Se esci con uno che mentre gli parli ti fissa come ipnotizzato e se gli fai delle domande trabocchetto su quello che gli stai dicendo balbetta delle penosissime balle e si fuma il filtro della sigaretta, non farti illusioni: non è innamorato di te (qualunque siano il suo sesso e il tuo, se mai

[1] Qui comincia la menata, che ho promesso nella Premessa (che dovrei quindi, per coerenza, chiamare «Promessa», ma, lo avrai capito, la coerenza non è il mio forte), del lui/lei. Per non fartela pesare troppo almeno all'inizio e abituartici gradualmente, in questo capitolo alternerò gli esempi. Uno per lui, uno per lei. Così siamo pari, che è quello a cui tutte le donne aspirano (chissà poi perché).

ne hai uno), né è affascinato dalle tue parole né gli ha preso un attacco di afasia paraplegica né è un autista (a meno che tu non sia ricco da far schifo e così scemo da far guidare la tua Ferrari a un altro): è uno che si fa le seghe mentali.

Se una ti dà dello stronzo e ti dice che fra voi è tutto finito perché ti ha trovato in tasca un biglietto di un tram di Parigi (secondo me quelli che ti guardano nelle tasche bisognerebbe fucilarli!) e tu non le hai mai detto che andavi a Parigi e lei a Parigi non c'è mai stata tanto meno con te, non pensare che tu sei uno stronzo come dice lei e soprattutto non farti l'illusione che fra voi sia tutto finito, perché con una così non finisce mai qualunque cosa tu le faccia o non le faccia; lei non è una povera vittima innocente del tuo cinismo e della tua cattiveria: è una che si fa le seghe mentali.

Se uno ti rovina una serata che ti potevi sparare un video che un amico ti ha prestato da un anno e ti rompe sempre le balle ogni volta che ti vede perché lo vuole indietro o potevi provare a lavarti i capelli con le uova sbattute che una tua amica ti ha detto che fa bene un casino o potevi farti un giro per le tabaccherie chiuse per vedere se ce n'è una aperta o qualsiasi altra cosa utile e interessante, per raccontarti senza neppure la pausa per un toast o una birra (pagati da te, naturalmente) quanto lui sia disgraziato per la vita che ha fatto quattro anni fa con quella persona così stronza che non gli voleva neppure bene ma che lui che si attacca troppo ha amato un casino e ancora adesso non fa altro che pensare a quella persona perché lui quando vuol bene vuol bene (tautologia affettiva: cioè, non vuol dire una cicca) e si ricorda quando le toglieva il nero dalle unghie dei piedi che quella persona diceva che era una stronzata e invece lui lo faceva con tanto sentimento perché l'amore si vede soprattutto nelle piccole cose e si ricorda anche quando le schiacciava i brufoli e quella persona s'incazzava perché diceva che poi le rimanevano i buchi e invece non è vero perché se lo schiacci bene alla base il brufolo e fai uscire tutto il giallo il buco non ti rimane o almeno non ti rimane quasi mai (anche lui ce n'ha pochi di buchi, che se l'è sempre schiacciati i brufoli, d'altronde non ha mica potuto schiacciarseli tutti, nella schiena mica ci arriva, ma quella persona si guardava bene da schiacciarglieli a lui perché era egoista e stronza) e lui adesso pensa a tutto quello che avrebbe potuto dirle e si mangia le mani per non averglielo detto, non pensare di esserti imbattuto in un essere delicato e gentile pieno d'amore e tenerezza bistrattato e maltrattato dalla vita: è uno che si fa le seghe mentali.

Se una sta chiusa in casa tutto il giorno a macerarsi il cervello pensando a come sarà difficile la vita per lei e come farà a trovarsi un lavoro e poi come farà con il matrimonio che già non sa neppure se è adatta al matrimonio, lei, e poi i figli oddio i figli sì li vorrebbe ma ce la farà poi a tirarli su come si deve e se poi si drogano o diventano delinquenti? E lui? Lui che neppure l'ha ancora trovato come farà a trovarlo con tanti stronzi che ci sono in giro? Perché lei non vuole mica i compromessi, lei vuole o bianco o nero, vuole sapere come sarà la sua vita non può stare nell'incertezza perché l'incertezza del domani le fa paura e non se la sente proprio di uscire e magari di vedersi capitare quello che temeva perché lo sa che schifezza è la vita che ha sempre qualcosa di brutto in serbo e le disgrazie capitano sempre agli stessi e lei è sfortunata dalla nascita e capitano tutte a lei che adesso quasi quasi va a farsi fare le carte così almeno sa come regolarsi perché le carte che si è fatta fare ieri non la convincono troppo, non pensare che sia una mutazione genetica, una sottospecie particolare della razza umana che la selezione naturale ha creato a tutto beneficio della specie cartomanti, chiromanti, negromanti e affini, anche se in pratica è proprio così; la genetica non c'entra per niente: è una che si fa le seghe mentali.

Capitolo secondo

Delle seghe mentali

Definizioni

Cominciamo con il chiarire una cosa: farsi le seghe mentali è una cosa del tutto naturale. Non sei un/a mostro/a[1] o un/a deficiente, se te le fai. Se le fanno tutti.

Gli scienziati hanno la convinzione che per conoscere una cosa bisogna definirla (ma come se la cavano con mia cugina Caterina?). Al lettore colto (ma i lettori colti, lo leggeranno questo libro?) non dispiacerà quindi una definizione scientifica della sega mentale.

Dicesi «sega mentale» il pensare a cose che non hanno attinenza con la realtà

A te sembrerà da questa definizione che allora le seghe mentali tu non te le fai mai.

Questo tuo pensiero è un esempio tipico di sega mentale.

Tutto sta nella definizione di realtà, naturalmente. La

[1] Una mostra? Una mostra di cosa? Eppoi, se sei una mostra, perché diavolo leggi un libro?! Vedi che casino a darvi retta, a voi donne?

mia definizione di realtà è l'unica reale, come può confermarti un qualsiasi contadino della bassa padana.

La realtà è il nostro corpo e l'ambiente fisico che ci circonda

La trovi un po' materialista? Ebbene, sì. Ma che c'è di male nel materialismo, visto che è reale?

Se tu avessi il coraggio di accettare questa verità, il tuo compito di smettere di farti le seghe mentali e cominciare a goderti la vita (ammesso che sia questo il tuo intento nell'acquistare questo libro: anche i masochisti, anzi soprattutto loro, acquistano libri) sarebbe già per metà assolto.

Le persone normali (ad esempio io e un idraulico di Busalla che ho conosciuto l'altra domenica quando sono andato per funghi) sanno benissimo che le cose stanno così.

I nevrotici (isterici, nevrastenici, ansiosi, depressi, schizoidi, paranoidi, ecc.), ossia tutti gli altri, sono irrecuperabilmente convinti che la realtà stia dentro la loro testa. C'è di che spararsi. E infatti molti lo fanno. Ma questo non basta a pareggiare le due categorie. I nevrotici, purtroppo, sono sempre la stragrande maggioranza.

La sega mentale benefica

Non tutte le seghe mentali sono malefiche: vi sono anche seghe mentali *benefiche.*

Se sei stato invitato a una festa in una trincea del Carso e ti accorgi che intorno a te furoreggia la Prima guerra mondiale, che non vengono distribuiti i tramezzini, che il Martini sa di fango e dopo un po' scopri anche che hai fame, freddo e una paura fottuta di essere centrato in mezzo agli occhi da un cecchino austro-ungarico (che contrariamente al suo nome ci vede benissimo), mentre il padrone di casa insiste che tu rimanga almeno fino al prossimo anno (bell'esempio di festa non riuscita, o meglio di situazione ambientale di cacca), cosa fai tu per abbassare la tensione che rischia di spaccarti in due? Pensi a tua moglie (nuda) e ai tuoi bambini (vestiti) che ti aspettano a casa con le braccine tese, se sei un lui. Oppure a tuo marito (vestito) e ai tuoi bambini (nudi) (chissà perché le donne fanno sempre tutto alla rovescia?) che ti aspettano sempre a casa con le braccine sempre tese, se sei una lei (ma poi quante probabilità ha una donna di trovarsi in una trincea del Carso con intorno la Prima guerra mondiale? Altro che pari opportunità!). E questo pensiero ti dà sollievo, ti dà un passeggero benessere. Certo, è una sega mentale. Non c'è dubbio. Ma ti dà piacere, quindi è benefica.

Per cui, stabiliamo la definizione:

La sega mentale che dà piacere è benefica

Un tipo particolare di sega mentale benefica è il *pensiero creativo.*

L'arte, la scienza, la filosofia sono tutte seghe mentali benefiche.

Il mondo reale non ti piace?

Te ne inventi uno nel quale ci stai da papa.

Certo, inutile negarcelo, sono tutte *fughe dalla realtà.*

Ma sono bellissime.

Ci fanno godere, ci fanno stare bene, ci danno sollievo.

E quindi sono, per noi, *benefiche.*

Attenzione, però. Le seghe mentali sono come i funghi: quelli velenosi uccidono; quelli non velenosi se ingeriti in grande quantità fanno venire mal di pancia.

Che dire di uno che si perde nella sua fantasia (sia essa bellissima arte, ingegnosa scienza o profonda filosofia) e si estrania dal mondo che lo circonda? Che differenza c'è con un drogato?

Certo, è bellissimo. Ma poi non ti stupire se un bel giorno ti ritrovi separato, con i figli che devi andare con la loro fotografia in tasca per ricordarti come sono fatti, senza uno straccio di amico, con l'alito cattivo, una vita sessuale da fare schifo, e per giunta stitico.[2]

[2] Qui ho rinunciato alla menosissima forma lui/lei perché sono gli uomini, quelli che si fanno più spesso le seghe mentali benefiche, cioè che si alienano dalla realtà con l'arte, la scienza e la filosofia. Quindi sono gli uomini, a soffrire più spesso di stitichezza. Cioè, di chiusura in se stessi. Le signore soffrono invece più volentieri di colite. Cioè, di esplosione all'esterno (infatti le signore parlano sempre molto, anche troppo). Io, che le ho provate tutt'e due, non saprei dirvi cos'è meglio. Forse se avete in programma un viaggio nei paesi tropicali è meglio che vi portiate dietro la stitichezza: vi fa risparmiare i soldi per le pillole contro la dissenteria, che sono un gran fastidio perché te le ritrovi sempre nella borsetta e alla fine per togliertele dagli occhi te le infili in bocca, con il risultato che la stitichezza, che non hai voluto portarti dietro, ce l'hai lo stesso. La colite, invece, è molto utile in caso di visita militare: non ti fa riformare perché c'è una gran richiesta di colitici, cioè di dispeptici (oltre che di dispotici, naturalmente), nell'esercito, però costituisce un interessantissimo argomento di conversazione che ti permette di farti un sacco di amici e si sa che gli amici fatti a militare e a scuola non te li dimentichi più per tutta la vita. Adesso che ci penso, però, non so se sia un vantaggio avere degli amici indimenticabili, a meno che tu non venga carcerato e abbia da trascorrere lunghe giornate in cui non hai niente da fare e debba per forza pensare a qualcosa per non trasformarti in un materasso o in un vaso da notte. Quindi in definitiva consiglio a chi preferisce la colite alla stitichezza di farsi carcerare, per poter godere appieno della sua scelta (dopo aver fatto il militare, ovviamente, altrimenti cade tutto il programma). Tenga conto tuttavia che c'è un rischio: quello di farsi altri amici indimenticabili. Gli amici che non ti

Certo, qualcuno deve pur sacrificarsi, per mandare avanti il patrimonio conoscitivo dell'umanità,[3] ma il risultato è socialmente disastroso.

Quindi attento: fai pure arte, scienza e filosofia, ma non perdere mai il contatto con la realtà. Tra l'altro pare che vengano meglio, in questo modo.[4]

L'arte, la scienza e la filosofia sono un raro esempio di seghe mentali riuscite bene. Ma sono un'eccezione. Le altre sono una schifezza. Sono *malefiche*.

La sega mentale malefica

Banalmente, possiamo definire la sega mentale malefica in contrapposizione alla sega mentale benefica.

La sega mentale che dà sofferenza è malefica

dimentichi più per tutta la vita, infatti, non sono soltanto quelli fatti a militare e a scuola, ma anche quelli fatti in carcere. Bisognerebbe aggiungere anche quelli fatti all'ospedale, ma il programma diventa a questo punto faraonico, e quindi ti consiglio di lasciar perdere, a meno che tu non sia un megalomane oppure voglia imbarcarti in quest'impresa al solo scopo di farmi un dispetto personale. Tutto sommato, comunque, secondo me è meglio la stitichezza: alla fine, ti rimane pur sempre qualcosa.

[3] Questa è la scusa ufficiale portata dagli uomini a difesa della loro naturale propensione alle seghe mentali benefiche di tipo artistico, scientifico e filosofico. Secondo le donne (e anche secondo me), ci deve essere qualcosa che non funziona nel loro cervello.

[4] Non seguire l'esempio di Schopenhauer. Ai suoi studenti universitari che gli facevano notare come il suo sistema filosofico non avesse niente a che fare con la realtà egli rispose: « Tanto peggio per la realtà! ». Da allora non ebbe più uno studente. Io all'università faccio della filosofia realistica perché mi piace avere un mucchio di studenti, che mi sembra l'unico motivo ragionevole per fare della filosofia.

Ma quale è, in dettaglio, il processo che costituisce la sega mentale malefica?

Quando l'essere umano si è civilizzato, ha eliminato i pericoli fisici dell'ambiente ma ha creato dei nemici ben più pericolosi dentro il suo cervello.

Il suo Io si è esteso dal suo corpo (sua unica realtà) a una serie enorme di ruoli e immagini, cioè di *simboli*, non reali.

Noi entriamo in allarme quando ci vengono minacciate le seguenti cose: la moglie, i figli, la casa, il conto in banca, l'automobile, il televisore, l'impiego, gli amici, il riposino del pomeriggio, il cane, i genitori, la reputazione, la salute, l'onore, il programma televisivo preferito, la prestanza (specialmente sessuale: per i maschietti), la morigeranza (specialmente sessuale: per le femminucce), l'onestà, l'intelligenza, l'importanza sociale ecc. ecc.[5]

Il nostro Io è diventato ipertrofico, enorme, come un rampicante che ha invaso tutto il mondo a noi circostante.

Più uno possiede cose e relazioni, più uno è ricco e potente, più il suo Io simbolico è esteso.[6]

È evidente che più è esteso il nostro Io, più esso è vulnerabile: è più facile colpire un soldato quando ne abbiamo davanti un reggimento che quando ne abbiamo davanti uno solo.

Il risultato è che noi ci sentiamo continuamente aggrediti in qualche parte simbolica del nostro Io.

Le aggressioni reali, quelle fisiche, sono ormai relativamente rare.

[5] Per un elenco dettagliato, vedi *Enciclopedia Treccani*.

[6] Dal che si deduce che più uno è ricco e potente e più soffre. È evidentemente vero. Ma altrettanto evidentemente questa non è considerata dai più una buona ragione per rinunciare a diventarlo.

Ma il nostro sistema d'allarme non distingue fra aggressioni fisiche reali e aggressioni simboliche pensate.

Perché l'impulso alla sua attivazione proviene dal cervello, non dal mondo esterno.

E il nostro cervello decide invariabilmente che le aggressioni simboliche *sono* aggressioni, a tutti gli effetti.

Per cui noi entriamo continuamente in tensione.

E la tensione è vissuta da noi come *sofferenza.*

Di conseguenza noi soffriamo continuamente e siamo infelici.

La sofferenza, disse il Buddha, sottende la nostra vita al punto da costituire la «condizione umana»: la sua causa è appunto la nostra identificazione con i simboli dell'Io.

Questo, è il meccanismo della *sega mentale.*

O più esattamente, della *sega mentale malefica.*

Che a questo punto siamo in grado di vedere dall'interno nella sua struttura e quindi di definire più compiutamente.

La sega mentale malefica
consiste nell'identificazione dell'Io con un suo simbolo
e nella creazione di sofferenza
in seguito alla supposizione di minaccia a tale simbolo
estesa all'intero Io

Capitolo terzo

Del come sono fatte le seghe mentali

La tensione

Se leggi questo capitolo con l'idea di imparare a farti una sega (mentale), lascia perdere: «come sono fatte» non vuol dire «come si fanno». Impara la grammatica.

Adesso voglio prendere una sega mentale, smontarla e vedere come è fatta dentro.

Se chiedi a uno che si fa le seghe mentali se è felice, ti risponderà di no, che è immensamente infelice, che soffre. E di fatto il male che soffriamo è raramente fisico, è quasi sempre mentale. Ed è dovuto alle seghe. Alle seghe mentali, voglio dire.

Le seghe mentali quindi fanno male. Danno *sofferenza*.

Se sei intelligente (e se hai comprato questo libro, sei intelligente: contento/a?), questa risposta non ti basta e vuoi sapere qualcosa di più circa il meccanismo della sega mentale e quindi della sofferenza.

Allora, cos'è la sofferenza?

Fisiologicamente, la sofferenza, sia fisica che mentale, consiste in uno stato di *contrazione muscolare* in qualche parte del nostro corpo.

La contrazione muscolare è provocata da uno stato di

tensione elettrica, che è comunicato alle cellule muscolari dalle cellule nervose che sono nel cervello.

È nel cervello, dunque, che si decide se attivare lo stato di contrazione muscolare e quindi di sofferenza.

Ti dirai, ma che razza di stronzaggine è, questo sistema? Perché mi devo fare del male da solo/a?

Figlio/a mio/a,[1] avrai capito che a questo mondo non ti danno niente per niente.

Mettiti nei panni del Creatore.

Devi inventare una cosa che faccia fare una cosa a una cosa quando succede una cosa.

Forse ho un po' incasinato.

Mi spiego meglio.

Se tu hai fabbricato un fesso che si fa mangiare dalla prima tigre che passa di lì, cosa succede?

Fine della creazione dell'Uomo e tu come Creatore ci fai una figura di cacca.

Quindi devi inventare un sistema che impedisca al fesso di farsi mangiare non soltanto dalla prima tigre che passa di lì ma neppure dalla seconda e possibilmente neppure dalla terza (alla quarta non ci puoi fare più niente perché vuol dire che il fesso, nonostante tutti i tuoi accorgimenti, si è andato a mettere proprio in una fottuta tana di tigri).

Ma come devi farlo, questo sistema, per costringere il fesso a scappare?

Devi farlo in modo che infligga al fesso un tale disagio a stare fermo a farsi mangiare dalla tigre, da convincerlo a fare qualcosa: o a protestare in modo talmente vivace da convincere la tigre a rinunciare al suo pasto (cosa difficile,

[1] Scusa se faccio il paternalista ma ormai ho un'età che me lo permette (finalmente!): ho passato i quaranta!

perché le tigri quando si mettono a tavola non vogliono essere disturbate da nessuno: quindi, sarà da maleducati ma l'unico modo è farle fuori), oppure a portare via le trippe.

La sofferenza come disagio va benissimo ed è adattissima a convincere anche un fesso come quello, a fare qualcosa: soprattutto a portare via le trippe.

Il fesso chiama questa sofferenza *paura*.

Un suo parente più raffinato la chiama più appropriatamente *tensione*: è proprio la tensione elettrica di cui ti dicevo prima.

Lo stato di tensione elettrica cellulare deriva dunque dall'attivazione del nostro sistema d'allarme naturale, che ha lo scopo di assicurarci la sopravvivenza e quindi entra in funzione ogni volta che a noi *sembra* di ravvisare un pericolo per la nostra incolumità.

Quando venivamo aggrediti dalla tigre dai denti a sciabola, diverse migliaia di anni fa, il nostro sistema d'allarme andava benissimo per il suo scopo: ci faceva correre come razzi.

Eravamo tutti primatisti sui cento, duecento e trecento metri (qualcuno anche sul chilometro).

Ma adesso?

Adesso non è cambiato niente: continuiamo a essere tutti primatisti sui cento, duecento e trecento metri (qualcuno anche sul chilometro) con la differenza che non c'è più nessuna tigre dai denti a sciabola a inseguirci.

E neppure nessun leone, nessuna pantera, nessun leopardo, nessun puma, nessun orso, nessun coniglio (no, questo no).[2]

Oggi non ci insegue più nessuno, a meno che non ab-

[2] Per l'elenco degli animali pericolosi per l'uomo in epoca preistorica vedi un qualsiasi trattato sugli animali selvatici.

biamo svaligiato una banca senza avere avuto la furbizia di fare perdere le nostre tracce.

E allora perché corriamo continuamente come se fossimo inseguiti dalla tigre dai denti a sciabola, dal leone, dalla pantera, dal leopardo, dal puma, dall'orso, ecc. ecc.? (vedi sopra)

Perché quello che fa scattare in noi l'allarme, non è la tigre, il leone, la pantera, ecc., ma *il nostro cervello.*

È il nostro cervello che decide, *insindacabilmente*, cosa costituisce un pericolo per noi. Ho detto infatti più sopra «quello che a noi *sembra* un pericolo».

A volte il nostro cervello decide che non vi è nessun pericolo in cose pericolosissime e vede pericoli mortali in cose assolutamente innocue.

Se noi siamo Tremal-Naik e ci incontriamo con una tigre di nome Darma,[3] non ci scatta nessun allarme.

Ma se noi siamo il ragionier Brambilla appena rientrato da un viaggio-premio nelle isole Hawaii e nostra moglie ci passa in rivista la biancheria intima alla ricerca di un segno di rossetto, l'allarme ci scatta eccome, specialmente se il ragionier Brambilla se l'è spassata davvero (come è sperabile per lui), alle isole Hawaii!

È il nostro cervello, sulla base della memoria che si ritrova, e non siamo noi, con tutti i ragionamenti che ci possiamo fare, che decide se siamo in pericolo oppure no.

E quando decide che lo siamo, ebbene ragazzi, non c'è niente da fare. Possiamo anche essere sdraiati comodamente nel nostro letto, al riparo nel nostro appartamento con la porta blindata, il riscaldamento acceso (se è inver-

[3] Vedi E. Salgari, *I misteri della Jungla nera.* Mi pare che si chiamasse così, la tigre di Tremal-Naik. Se non è così, peggio per lei (ma soprattutto per Tremal-Naik).

no, naturalmente; se no, se è estate, cosa cavolo lo tieni a fare, il riscaldamento acceso?) e il bicchiere del whisky (o del rosolio) sul comodino: entriamo in panico e basta.

Per farlo basta il pensiero.

L'elenco degli animali pericolosi per l'uomo in epoca preistorica fa ridere al confronto dei pericoli che il nostro pensiero è in grado di creare oggi.

Nessuno ha mai scritto nessun trattato né in quattro né in quattromila volumi, sull'argomento.

Perché i pericoli inventati dal nostro pensiero sono praticamente infiniti.

Alcuni appartengono al mondo che ci circonda: il collega che sta cercando di farci le scarpe (pur non essendo un calzolaio); l'amico che sta cercando di farci la moglie (pur non essendo il conduttore di un'agenzia matrimoniale); il marito che sta cercando di farci l'amica (pur non soffrendo noi di solitudine); il Fisco che sta cercando di metterci in mutande (pur non essendo noi dei calciatori); e così via.

Altri sono attinenti al nostro Io corporeo: «Oddio, mi prenderò l'aids!», «Sono troppo grasso/a!», «Con tutti questi brufoli faccio schifo!», «Sono sicuro/a che ho un cancro!» ecc. ecc.; o ideale: «Sono nato/a sfortunato/a», «Nessuno mi vuole bene!», «Sono uno/a stronzo/a!», «Finirò solo/a e abbandonato/a da tutti» ecc. ecc.

Il *pensiero* è dunque la causa principale della nostra sofferenza, l'essenza stessa della *sega mentale.*

Vediamo allora di affrontarlo con coraggio e di guardarlo nel bianco degli occhi sorridendogli, mentre in tasca nascondiamo un bisturi e un microscopio (oltre a una 357 magnum con il colpo in canna).

Il pensiero

Il pensiero è come il coltello: ti ci puoi imburrare il pane oppure tagliartici la gola.

È incredibile, ma quasi tutti gli esseri umani preferiscono la seconda soluzione.

Non chiedermi il perché.

È come chiedermi perché diavolo l'acqua ti cade addosso invece di starsene per i cavoli suoi su nelle nuvole.

A proposito, credo che l'acqua c'entri qualcosa, con le seghe mentali.

Infatti se la sostituisci sistematicamente con la grappa, la tua tendenza a farti le seghe mentali diminuisce.

In compenso però ti viene la cirrosi epatica.

E non me la sento di dirti che è meglio.

Per cui è meglio cercare di smettere di farti le seghe mentali in un altro modo.

Eppure il pensiero non è nato con l'idea di essere, o di diventare, un'arma di autodistruzione, naturalmente.

Il pensiero è un risultato dell'evoluzione biologica, quindi ha lo stesso scopo di tutte le funzioni biologiche: la *sopravvivenza.*

Mettiamo che uno ti molli un cazzotto sul naso mentre passeggi con la tua fidanzata nel bel mezzo del centro cittadino e scappi prima che tu riesca a reagire.

Questo, a meno che tu non abbia un naso di gomma e la dignità di un verme del formaggio, ti procura un bel po' di tensione, che non puoi scaricare mollandogli un calcio nelle balle (risposta adeguata, secondo la Convenzione di Ginevra, al cazzotto sul naso), per il fatto principale che non hai più le sue balle a portata di mano (o meglio, di piede).

Cosa fai allora?

Te lo meni per due giorni (il cervello, naturalmente;

qualunque altra cosa tu ti meni, non dà gli stessi risultati), pensando che se lo incontri gli fai le seguenti cose:

1) Lo prendi per il collo.
2) Gli fai ingoiare la cravatta.
3) Gli pianti il distintivo del tuo club in un occhio (ammesso che esista un club disposto ad accettare te come socio).
4) Gli sputi nelle narici (non nei condotti auricolari, come ti verrebbe subito di fare, per via del punto 5, che in questo caso avrebbe difficoltà a essere eseguito).
5) Gli canti una canzone di Gino Paoli.
   A questo punto potresti fermarti qui, perché una canzone di Gino Paoli è una risposta sufficiente a qualsiasi offesa al di sotto della pugnalata al cuore (per il semplice fatto che dopo una pugnalata al cuore ti passa la voglia, di cantare una canzone di Gino Paoli... magari una di Luciano Tajoli?...).
6) Gli dai il calcio nelle balle regolamentare previsto dalla Convenzione di Ginevra.

Questa scena con tutte le sue sequenze te la vedi nel tuo cervello come un film del Cinema d'Essai, tipo *La corazzata Potiomchin* (finalmente scritta come si pronuncia!): te lo rivedi in continuazione.

Con questo espediente scarichi un po' di quella tensione che non puoi scaricare in modo normale (operando dei fatti invece che del pensiero), cioè dandogli *davvero* una fraccata di botte, cosa che avresti dovuto fare per scaricare completamente e in modo naturale la tensione quando ti ha mollato il cazzotto sul naso.

Dunque lo scopo immediato del pensiero, quello per cui probabilmente si è originato, è *scaricare la tensione eccessiva*.

Il pensiero è cioè fondamentalmente la versione mentale e diurna della ben nota «polluzione notturna», unica attività sessuale ufficialmente ammessa per boy-scout, educatori e personale ecclesiastico: un «troppo pieno» della tensione.

Avendo addosso una tensione insopportabile e non potendo scaricarla completamente attraverso l'azione reale, la scarichi parzialmente attraverso l'*azione pensata.*

Quindi

Il pensiero è fondamentalmente un surrogato dell'azione

Infatti il pensiero consiste sostanzialmente nella *simulazione immaginativa dell'azione.*

Per dirla in termini fisiologici, quando, a causa di un'aggressione ambientale, lo stato di tensione (e quindi di malessere) raggiunge un livello di guardia oltre il quale può diventare autodistruttivo per l'individuo, subentra a salvaguardia della sua sopravvivenza uno stato di benessere (caduta temporanea della tensione) provocato autogenamente mediante l'attivazione del *pensiero*, il quale simulando l'azione capace di scaricare la tensione simula una situazione ambientale *gratificatoria.*

Materialmente, nel cervello viene sostituita la produzione di neurotrasmettitori adrenalinici (che provocano lo stato di tensione, cioè di *stress*) con la produzione di neurotrasmettitori noradrenalinici (che provocano lo stato di distensione).[4]

[4] Se vuoi saperne qualcosa di più di quello che succede nel tuo cervello senza lambiccartelo troppo (il che dal punto di vista del tuo cervello si traduce nel fatto che esso vuol sì conoscere se stesso, ma non troppo: evidentemente, si mette paura), vediti un qualsiasi trattato divulgativo (che non è fatto, come sembrerebbe dalla parola, per

È un normale fenomeno di *omeostasi*, cioè di ripristino dello stato di equilibrio fisiologico, finalizzato alla sopravvivenza, che rientra nella naturale dinamica biologica degli organismi viventi.

Il pensiero, quindi, assolve a una *funzione difensiva dalle aggressioni ambientali.*

Probabilmente, la forma primitiva del pensiero è il *sogno*.

Infatti anch'esso, come il pensiero, è simulazione di azioni non reali e anch'esso, come il pensiero, si attiva in caso di eccesso di tensione, come in occasione di traumi.

A questo livello primitivo pensano, in quanto sognano, anche gli animali.

Ricordo che il mio cane Rocco quando sognava guaiva, ruggiva, sbavava, masticava e agitava la coda e non soltanto quella (lascio immaginare alla tua fantasia morbosa cosa sognava il mio cane Rocco).

Anche il sogno è, come il pensiero, una specie di polluzione notturna mentale che ha lo scopo di scaricare un poco la tensione quando essa diviene eccessiva.

Con l'evoluzione della neocorteccia nel cervello umano probabilmente il sogno si è prolungato anche durante la veglia e con lo sviluppo del linguaggio è diventato *pensiero*. E con il pensiero si è sviluppata la logica e la capacità di deduzione.

Da semplice meccanismo di troppo pieno, il pensiero è diventato nell'essere umano una formidabile arma di controllo dell'ambiente per mezzo della quale egli si è impadronito del pianeta, perché mediante il pensiero l'essere umano è diventato capace di risolvere i *problemi* ambientali.

le persone volgari, bensì per le persone ignoranti: è meglio, no?) come ad esempio R. Ornstein e R. Thompson, *Il cervello e le sue meraviglie*, Rizzoli, Milano, 1987.

Le azioni simulate dal pensiero, infatti, possono essere non soltanto semplicemente consolatorie nei confronti di condizioni ambientali negative, ma anche atte a eliminare quelle stesse condizioni ambientali negative che hanno attivato il pensiero e che costituiscono un *problema.*

Se sei chiuso in una trappola, il pensiero può aiutarti a uscirne.

Questo è diventato il pensiero nell'essere umano: un sistema di *problem solving*, un sistema capace di risolvere i problemi ambientali attraverso la simulazione delle azioni atte alla loro soluzione. A patto però che le azioni pensate vengano attuate, cioè che le azioni da simulate divengano *reali* e quindi che il pensiero *dia luogo all'azione*: questa elimina le condizioni ambientali negative e scarica la tensione ristabilendo l'equilibrio omeostatico, cioè lo stato di benessere.

Il pensiero che dà luogo all'azione capace di eliminare le condizioni ambientali negative assolve dunque pienamente alla sua funzione di difesa dalle aggressioni ambientali.

Ma esso è un pensiero *attinente alla realtà.*

Quindi

Il pensiero che dà luogo all'azione
non è una sega mentale

mentre, banalmente,

Il pensiero che non dà luogo all'azione
è una sega mentale

Ma quante volte tu traduci il tuo pensiero in azione?

Quante volte tu usi il tuo pensiero per risolvere problemi reali utilizzando la sua funzione più evoluta?

Quante volte invece ti immagini azioni che non sei stato o non sei in grado di compiere?

Quante volte utilizzi la funzione più primitiva del pensiero semplicemente per contenere la tensione generata dai problemi reali non risolti con l'azione?

Tu puoi facilmente constatare che la maggior parte del tuo pensiero è rivolto ad assolvere la sua funzione primitiva di contenimento della tensione simulando azioni immaginarie sostitutive delle azioni reali non compiute, piuttosto che a risolvere, con l'azione reale, problemi reali.

Ne deriva una verità tremenda, che pochi sono in grado di reggere senza farsi prendere da un travaso di bile:[5]

Il pensiero è molto spesso una sega mentale

E che dire di quando l'azione simulata dal tuo pensiero non può essere attuata o di quando non è in grado di eliminare le aggressioni ambientali neppure sul piano dell'immaginazione?

In questi casi la tua tensione non soltanto non diminuisce, ma addirittura *aumenta*, in quanto il diminuire della tua capacità di difesa aumenta il grado di pericolosità da te attribuito alle aggressioni ambientali e quindi la tua reazione tensiva, ossia la tua *sofferenza.*

Da sistema di difesa dalla tensione, il pensiero si trasforma in questo caso in un *sistema di incremento della tensione*, cioè della *sofferenza*, e quindi in un processo *autolesivo.*

[5] Questo vale soprattutto per i filosofi, che sono fra tutti gli intellettuali i più incazzosi (chissà perché, poi, visto che invece si dice, di uno che se ne frega, che «prende la vita con filosofia»).

Quindi

Il pensiero che genera sofferenza è una sega mentale malefica

Il massimo della sega mentale malefica si ha quando il problema alla cui soluzione si applica il tuo pensiero non è un problema reale, ma soltanto un problema inventato dal tuo stesso pensiero, cioè *un problema immaginario.*

Come può avvenire che il pensiero, inventato per risolvere o alleviare i problemi reali, diventi invece il creatore di problemi immaginari?

Il fatto è che non è il pensiero che può risolvere un problema reale, ma soltanto l'*azione.*

Quindi se un problema reale non viene risolto con l'azione, la tensione da esso generata rimane e scatta la valvola del pensiero per contenerla entro limiti accettabili.

Ma se il problema reale è molto grave, la tensione è talmente alta che il pensiero non riesce ad abbassarla entro limiti accettabili.

Cosa fa allora il sistema per difendersi?

Dimentica il problema.

Freud ha chiamato questo processo *rimozione.*

La rimozione non elimina tuttavia la tensione generata dal problema rimosso: la mantiene soltanto entro limiti non distruttivi.

La tensione continua quindi a generare *pensiero.*

Ma non potendosi palesare il problema reale perché rimetterebbe in moto una tensione insopportabile dal sistema, il pensiero genera un altro problema, *un problema immaginario, apparentemente risolvibile.*

In realtà il problema immaginario non può essere risolto.

Infatti non esiste soluzione reale del problema immaginario per il semplice fatto che *il problema immaginario non è reale.*

Il problema immaginario infatti non può venire risolto *neppure con l'azione.*

Infatti l'eventuale azione attivata da un problema immaginario non è atta a risolvere la tensione perché questa è originata, come abbiamo visto, da *un problema reale diverso o non più attuale*, e quindi l'azione atta a risolvere la tensione è soltanto quella *che avrebbe dovuto essere compiuta* a fronte del problema reale: quindi o *un'azione diversa*, o la stessa azione ma compiuta *in un tempo e in un contesto diverso* (nel passato).

È vero che un problema immaginario può avere una soluzione immaginaria, ma poiché l'invenzione del problema immaginario è precisamente il «troppo pieno» di una tensione non risolta con l'azione, e non risolvibile altrimenti che con l'azione, la sua soluzione immaginaria darebbe luogo all'invenzione di un altro problema immaginario, perché è precisamente questo il processo attraverso il quale il sistema psicofisico tenta di ristabilire lo stato omeostatico: cioè appunto la produzione di pensiero simulante l'azione non attuata.

Di solito il tuo cervello, che tende tutto sommato all'economia, non sta neppure a sprecare energia per risolvere immaginariamente un problema immaginario per poi inventarsene subito dopo un altro e ritornare da capo nella situazione iniziale (questo lo fanno i matti e spero tanto che tu non sia uno di loro, altrimenti, cavolo, allora è proprio vero che questo è un libro da matti!): si tiene il primo che gli capita e ci si trastulla senza neppure far finta di trovargli una soluzione. Oppure, se sei particolarmente fantasioso, se ne inventa uno dopo l'altro senza risolverne nessuno (caso, più semplice, dei nevrotici: se sei così, pazienza, a me sta benissimo, avere dei lettori nevrotici è la massima aspirazione degli scrittori, visto che i nevrotici costituiscono il grosso della popolazione).

La tensione causata da un problema immaginario, quindi, *non può essere eliminata.*

Anzi lo stesso problema immaginario *diventa fonte di tensione.*

Da sistema di difesa dalla tensione, il pensiero si trasforma quindi, nel caso dei problemi immaginari, in sistema di *incremento della tensione* e quindi in *un processo autolesivo* che si protrae nel tempo e *si accresce indefinitamente* in quanto si *autoalimenta.*

La tensione, diminuita inizialmente dalla rimozione, generando pensiero creatore di problemi immaginari, *aumenta*, tendendo a riportarsi al livello originato dal problema reale rimosso e anzi a *superarlo.*

Nel caso dei problemi immaginari l'autoalimentazione della tensione attraverso il pensiero è infatti particolarmente vigorosa: spesso succede che con il tempo i problemi immaginari inventati dal pensiero generino più tensione di quella generata inizialmente dal problema reale che ha innescato il processo.

Quindi

Il pensiero di problemi non reali è la sega mentale più malefica

Un processo sistematico di seghe mentali malefiche, noi lo chiamiamo *nevrosi.*

Esso è diffusissimo.[6]

[6] «L'uomo è nevrotico. E il fenomeno non riguarda soltanto un limitato numero di casi, è l'umanità, in sé, a essere nevrotica. Il problema non è quindi quello di prendersi cura di alcuni individui; si tratta di curare l'umanità in quanto tale. La nevrosi è la condizione 'normale' dell'uomo poiché ciascuno attraversa un'esperienza educativa condizionante. Non gli si consente di essere semplicemente quello che è.

Soltanto l'intervento di uno psicoterapeuta preparato ed esperto può salvarti in questo caso: l'illusione di non avere bisogno di aiuto esterno fa parte del quadro nevrotico, divenuto, da assetto difensivo, assetto *autolesivo*.

Poiché, come abbiamo visto, il pensiero tende a essere più spesso una sega mentale che una spinta all'azione e poiché le seghe mentali tendono a essere più spesso malefiche che benefiche, ne deriva un'altra verità che farà incazzare ancora di più gli esaltatori del pensiero come massima espressione dell'essere umano:[7]

Il pensiero è molto spesso una manifestazione nevrotica

Ma allora, mi dirai, bisogna smettere di pensare?

Ebbene, ti devo confessare che non sarebbe male, smettere di pensare, e ti devo anche confidare che è bellissimo.[8]

Lo si deve plasmare secondo un particolare modello. È questo modello, qualsiasi modello, a creare la nevrosi» (B.S. Rajneesh, *Meditazione dinamica*, Ed. Mediterranee, Roma, 1979, pag. 53).

[7] Cioè i filosofi, ma in questo caso anche gli scienziati e gli artisti, cioè tutti. Non so come potrò salvarmi dalla loro ira: bisogna che ci pensi.

[8] Il non pensare è la condizione naturale dell'essere umano. «I bimbi, di per sé, non sono mai concentrati su nulla. [...] Nel momento in cui limitate la vostra mente, mettete a fuoco la vostra coscienza su di un oggetto particolare e vi condannate simultaneamente all'incoscienza di tutto il resto. Tale limitazione è una necessità esistenziale. È un fatto utilitario, ma sopravvivere non è sufficiente; l'utilitarismo non basta. Così, quando fate una scelta utilitaristica imponendo limitazioni alla vostra coscienza, negate alla vostra mente l'attuazione di molte delle sue potenzialità. Non usate più la totalità della vostra mente. Ne usate soltanto una parte minima. Il resto – ed è la parte maggiore – diviene inconscio. Viene così creata una divisione, una

Tuttavia è sufficiente usare il pensiero soltanto in quelle poche occasioni in cui serve davvero a salvarci e a stare meglio: non poi così spesso come si crede.[9]

scissione. La maggior parte della vostra mente diviene estranea. Vi alienate da voi stessi; divenite straniero alla vostra totalità. Questo inconscio, questa mente potenziale e inutilizzata, sarà costantemente in lotta col conscio. Ecco perché si assiste sempre a un conflitto interiore. Ciascuno vive una situazione conflittuale a causa di questa scissione fra conscio e inconscio. Soltanto se si consente al potenziale, all'inconscio, di fiorire, si potrà vivere la beatitudine dell'esistenza» (B.S. Rajneesh, op. cit., pag. 16).

[9] Il pensiero è, nella situazione normale di non nevrosi, un evento relativamente eccezionale: viene attivato soltanto nel caso di un problema contingente o di un'azione mancata. Quando esso diviene abituale, siamo incontrovertibilmente in nevrosi: può essere una semplice fuga dalla realtà (seghe mentali benefiche), non grave se limitata nel tempo, oppure una reiterazione autoincrementata di uno stato di tensione (seghe mentali malefiche), caso certamente più grave e purtroppo più diffuso. Questo vale naturalmente per l'uomo/donna comune. Filosofi, scienziati e artisti sono ufficialmente autorizzati a pensare inutilmente, anche perché altrimenti rimarrebbero disoccupati e di disoccupati per favore ne abbiamo anche troppi! E poi nel loro caso il pensiero non è del tutto inutile: serve a dare loro un lavoro. Ci dici niente? Questo mi induce a una confessione che nega tutto questo mio libro (così finalmente mi libero del senso di colpa di averlo scritto). Non solo il pensiero scientifico filosofico artistico (cioè le seghe mentali benefiche), anche se sostanzialmente nevrotico perché applicato a problemi né personali né contingenti né spesso neppure reali ma soltanto immaginari, è alla base di tutto il progresso tecnologico (cioè reale) dell'umanità, ma addirittura (e qui gli psicoterapeuti possono andare a buttarsi nel cesso perché risulta che sono proprio loro, che danno degli inutili agli altri, a essere completamente inutili) proprio i nevrotici sono gli artefici del progresso umano (se Cristoforo Colombo non fosse stato un nevrotico perso non avrebbe rotto le balle a tutti per andare a scoprire l'America ma se ne sarebbe stato a casa sua a scopare sua moglie e a prendere a calci in culo i suoi figli come tutti i mariti normali).

Capitolo quarto

Del perché ci facciamo le seghe mentali

Il cervello

Il problema che dobbiamo affrontare in questo capitolo è il seguente: perché, se ci fanno così male, continuiamo a farci le seghe mentali?

Se sei un masochista (e se sei arrivato a leggere questo libro fino a questo punto, è probabile che tu lo sia), puoi saltare a pie' pari questo capitolo, perché la risposta ce l'hai già: tu continui a farti le seghe mentali proprio per questo, perché ti fanno così male!

Per gli altri (i segaioli mentali «normali»), la domanda è invece talmente seria e la risposta talmente tragica che qui ti conviene sederti, disdire ogni appuntamento, farti una camomilla e prepararti al peggio.

Pare che il nostro cervello sia fatto come uno di quegli armadi che la società dei telefoni mette per le strade: se lo apri ci vedi dentro un mucchio di fili e ti sembra un casino pazzesco; soltanto la società dei telefoni ci capisce qualcosa e si guarda bene dal dircelo.

Tutte le volte che noi percepiamo qualcosa – il sedere della signora che ci sta davanti sull'autobus, il ricordo della nostra prima comunione, il teorema di Pitagora o il dubbio tremendo se starci con un ragazzo che ti piace ma che poi se ci stai lui pensa che tu sia una puttana e ti butta via[1] – pare che sia un risultato del fatto che un gruppo di quei fili va sotto *tensione*. Cioè sono attraversati da una corrente elettrica.

Poiché probabilmente il Creatore è più intelligente della società dei telefoni (meno male, se no sai che casino, il mondo?)[2] e anche più malizioso (ma anche lui frega sulle bollette?), il nostro armadietto è un po' più complicato di quello dei telefoni: i nostri fili[3] non si limitano a trasmettere corrente elettrica, ma emettono anche sostanze chimiche.[4]

Ora, quando un gruppo di fili[5] del nostro armadietto-cervello va sotto tensione ed emette i suoi bravi neurotrasmettitori (cioè «si attiva»), ci gode un casino a farlo e tende a farlo ancora. Come tu a bere la Coca e a mangiare patatine fritte. È la cosiddetta «legge d'inerzia», che governa tutti i fenomeni dell'universo: se non interviene qualcosa a modificarlo, un fenomeno tende a ripetersi all'infinito. Graziealcielo, o purtroppoporcogiuda, nell'universo ci sono un casino di fenomeni, per cui tutti interfe-

[1] Questo per le ragazze, naturalmente. La versione per i ragazzi è: ci sta, questa puttana, o no?

[2] Ma perché, il mondo non è un casino?

[3] Che gli scienziati chiamano «neuroni».

[4] Che gli scienziati chiamano «neurotrasmettitori». Se vuoi saperne di più su questa faccenda dei neuroni e dei neurotrasmettitori, cioè se vuoi farti una bella sega mentale (benefica), vediti una qualsiasi opera di divulgazione sul cervello che puoi capire benissimo anche senza sapere una sega di chimica, di biologia, di medicina, di neurologia, ecc., cioè una sega di niente, come molto probabilmente è il tuo caso: ad esempio il già citato R. Ornstein e R. Thompson, *Il cervello e le sue meraviglie*.

[5] «Circuito neuronale».

riscono gli uni con gli altri: ecco perché l'universo è così vario[6] (furbata del Creatore).

La legge d'inerzia, nel nostro armadietto-cervello, è particolarmente attiva. Questo perché più è alta la tensione[7] di un circuito neuronale, più a lungo esso è attraversato dalla corrente elettrica, cioè più lungo è il tempo necessario a riportarlo nella condizione di neutralità elettrica (assenza di pensiero). E non a caso ti ho parlato di *tensione* quando ti ho parlato dello stato emotivo della *paura*, quella messa in moto dal tuo sistema d'allarme quando ti senti in qualche modo in pericolo. Perché si tratta proprio di quella tensione elettrica che si genera fra i fili di un circuito del tuo armadietto-cervello.

Ecco perché i nostri pensieri, specialmente quelli che contengono una preoccupazione o una paura, tendono a ritornare fino a diventare un'ossessione.

Lui ti vuole bene o vuole solo portarti a letto?

Lei ti tradisce o no?

Non fai altro che pensarci.

Questa è la dinamica della sega mentale.

Tende a ripetersi, come un deficiente (o come un professore).

Un bell'esempio di macchina autoalimentata, quasi di moto perpetuo.

Ora, la cosa incredibile è che

[6] Un proverbio popolare (ma ci sono poi proverbi non popolari?) genovese dice che «U mundu u l'è bellu perché u l'è avariou». Il termine «avariou» (pronunciato come è scritto) significa sia 'vario' che 'avariato': ambiguità geniale che soltanto i popolani sanno avere.

[7] Differenza di potenziale elettrico fra un capo e l'altro dei neuroni.

Il pensiero si produce indipendentemente dalla nostra volontà

Tu non vorresti continuare a pensare se lui ti vuole bene o vuole solo portarti a letto oppure se lei ti tradisce o no, ma lo fai.

Continui a pensarlo anche senza volerlo.

Anzi non vorresti proprio farlo, perché è un pensiero che ti dà fastidio.

Ma lo fai contro la tua volontà.

In altre parole, il tuo pensiero è completamente *automatico.*

Non sei tu, l'autore/trice del tuo pensiero.

Il tuo pensiero si produce da solo, come l'adrenalina, il colesterolo e la pipì.

Non ci credi?

È naturale, nessuno ci crede.

Per convincertene, fai questo esperimento.

Metti giù il libro e ordina al tuo cervello di smettere di pensare.

Poi, dopo un minuto riprendi il libro e continua a leggere.

....

Hai visto?

Il tuo cervello se ne è allegramente fregato, del tuo ordine di non pensare.

Ha continuato a pensare per i cavoli suoi.[8]

[8] Se invece il tuo cervello ti ha obbedito, vuol dire che tu sei uno yogi. Ma cosa ci fa un dannato yogi con il mio libro in mano? Fai forse dello spionaggio industriale? Mettilo subito giù e vai a farti una Muka Bhastrika (Muka e non mucca: l'idea di uno yogi che si fa una mucca mi fa rabbrividire; non so se considerare più depravato lo yogi o la mucca). Per punirlo, dirò che lo yogi che ha smesso di pensare

Cosa vuol dire?

Appunto quello cho ho detto sopra, che *il pensiero si produce automaticamente, indipendentemente dalla tua volontà.*

Quest'affermazione è di una gravità tale, che va ponderata e vagliata.

E costituisce anzi una *scoperta capitale*, nella vita di un essere umano.

Da allora in poi, egli, se è intelligente, non prende più sul serio i propri pensieri.

Ce n'è quanto basta a far venire un coccolone a scienziati, filosofi e artisti, i quali con questo capiscono che non hanno alcun merito delle loro invenzioni.[9]

In realtà è il nostro *inconscio* a produrre le nostre creazioni.

Nel nostro cervello ci sono registrati tanti di quei dati, che anche l'ultimo scemo del villaggio potrebbe inventarsi la teoria della relatività.

Metterla giù in linguaggio matematico è naturalmente tutta un'altra cosa.

Lì sì, che interviene la volontà.

semplicemente ordinandolo al suo cervello ha ceffato completamente l'esperimento, che aveva lo scopo di farti vedere come il cervello lavori per conto suo fregandosene di te. Se invece, o mio adorato lettore, tu sei una persona normale e hai in dotazione un normalissimo cervello nevrotico di serie che produce per i cavoli suoi pensiero ansioso o depressivo a 78 giri, continua pure tranquillamente a leggere il mio libro, con la coscienza satolla e pulita di chi se lo merita completamente.

[9] Che il pensiero intuitivo si produce spontaneamente era già stato scoperto dagli antichi Greci, i quali scaricavano sulla divinità la responsabilità delle loro pensate poetiche e divinatorie.

Perché il pensiero, come tutte le nostre funzioni, può essere involontario o volontario.

Ma quanto, del nostro pensiero, è volontario?

Il fatto che siamo coscienti del nostro pensiero non vuole dire che esso sia volontario.

Soltanto quando *volontariamente* pensiamo a qualcosa, e lo facciamo quando studiamo, quando leggiamo, o quando ci applichiamo volontariamente alla soluzione di un problema reale, il nostro pensiero è realmente volontario.

Ma quante volte lo facciamo, in una giornata?

Il resto è tutto pensiero involontario.

Cioè quasi tutto.

Il nostro cervello costruisce non soltanto quasi tutto il nostro pensiero, ma attraverso di esso costruisce il nostro universo e la nostra vita.

Nel nostro cervello c'è tutto il nostro universo.

Comprese le seghe mentali.

Ecco dunque perché ci facciamo le seghe mentali.

Perché è il nostro cervello, a farsele.

Non siamo noi a volercele fare.

Le seghe mentali ci si fanno da sole

I due mondi

Esistono due mondi: il *mondo della mente* e il *mondo della realtà.*

Il grafico seguente chiarisce la dinamica intercorrente fra essi:

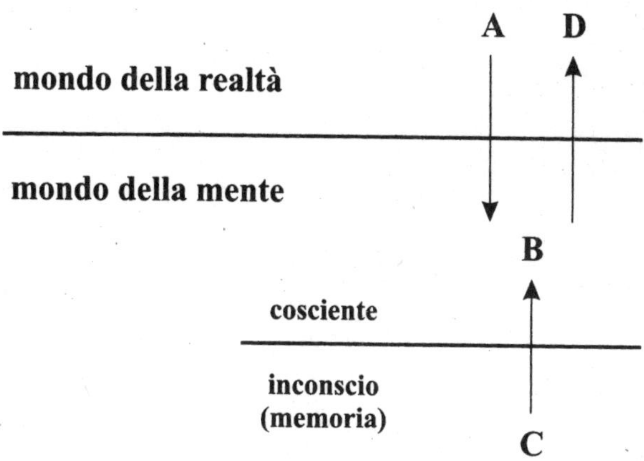

A un oggetto o a un evento **A** del mondo della realtà percepito dalla nostra coscienza noi attribuiamo *normalmente* un *significato* **B** sulla base di un analogo oggetto o evento **C** registrato nella nostra memoria inconscia, con il quale lo compariamo.

È **B** e non **A** che va a determinare il nostro comportamento **D**.

Come si può vedere chiaramente nel grafico, **A** e **D** appartengono al mondo della realtà, **B** e **C** appartengono al mondo della mente.

Come si vede, si tratta di oggetti o eventi *completamente diversi.*

In altri termini, noi non abbiamo normalmente una rappresentazione oggettiva della realtà ma soltanto e sempre una *rappresentazione soggettiva* di essa, derivata dal *condizionamento* della nostra *esperienza precedente*, registrata nella nostra *memoria*.

Questo processo è stato scoperto dalla psicologia orientale oltre duemila anni fa ed è riportato dalla tradizione indica, segnatamente da quella yogica,[10] con il nome di *legge del Karma*.[11]

Freud lo ha riscoperto per noi occidentali all'inizio del ventesimo secolo.

Quello che appare evidente è che i due mondi, quello della realtà e quello della mente, sono **distinti e separati**, in quanto contengono oggetti ed eventi distinti e separati.

Banalmente

il mondo della realtà è reale
il mondo della mente non è reale

Per vedere la realtà com'è, noi dovremmo smettere di pensare, e cioè smettere di farci condizionare dalla nostra memoria.[12]

[10] Vedi G.C. Giacobbe, *La psicologia dello Yoga (lettura psicologica degli Yoga Sutra di Patanjali)*, ECIG, Genova, 1994. Così finalmente ho trovato il modo di citare un mio libro. Non è vero che l'autocitazione è l'ultima spiaggia degli scrittori falliti: è un economicissimo modo per farsi pubblicità da solo, quando non te la fa nessuno. Il problema è che qualche tuo libro deve pur essere letto da qualcuno, per funzionare. A te quindi, mio temerario e nobile lettore, va tutta la mia riconoscenza e ammirazione. Spargi il seme di Giacobbe! (in senso figurato, naturalmente; a farlo in senso letterale ci penso io).

[11] *Karma* significa «esperienza»: si tratta appunto della funzione condizionante delle esperienze precedenti registrate in memoria.

[12] «La verità non è mai nel passato. La verità del passato è la cenere della memoria; la memoria procede dal tempo e nella morta cenere dell'ieri non c'è verità. La verità è una cosa vivente, ma non nella sfera del tempo». J. KRISHNAMURTI, *La sola rivoluzione*, Astrola-

Il che si ottiene soltanto sviluppando un controllo della mente capace di non farci condizionare dai nostri stessi pensieri. Roba che soltanto un Buddha è capace di fare.[13]

Normalmente noi siamo completamente condizionati dal nostro pensiero, non soltanto nel senso che alteriamo la lettura della realtà, ma soprattutto nel senso che siamo immersi nei nostri pensieri e la realtà non la vediamo nemmeno.

La cosa tragica è infatti che noi viviamo normalmente nel mondo della nostra mente e non nel mondo della realtà, tanto più quanto più soffriamo di *nevrosi.*

E gli oggetti del mondo della nostra mente non sono reali, sono banalmente *creazioni fantastiche della nostra mente.*

Che però noi scambiamo tragicamente per reali.

Ecco la base e la materia della nostra sofferenza.

Appunto, le *seghe mentali.*

bio, Roma, 1973, pag. 11)

[13] Non disperare. Sto appunto scrivendo *Come diventare un Buddha*. Uscirà fra non molto.

Capitolo quinto

Del perché non farsi le seghe mentali

Questo capitolo, come il precedente, può essere saltato a pie' pari dai masochisti, perché loro ci godono a farsi le seghe mentali e quindi non gliene importa niente del perché non farsele.[1]

Allora se sei un/a normalissimo/a segaiolo/a mentale e non un/a dannato/a masochista, penso che tu sia molto interessato/a a sapere per quale motivo devi smettere di farti le seghe mentali.

Qui la Palís[2] potrebbe darti una tirata d'orecchi: è evidente, no?

Per smettere di soffrire.

Perché è evidente che le seghe mentali, specialmente quelle malefiche, fanno soffrire.

[1] Ma questi poveri masochisti, se continuo a consigliargli di saltare capitoli, va a finire che non ne leggono quasi niente, del mio libro, e non è giusto: perché, loro poco e gli altri devono invece sorbirselo tutto? Allora, sapete cosa vi dico, cari i miei masochisti? Leggetevelo tutto anche voi, questo cavolo di libro; anzi, voi leggetevelo due volte, così sì, che potete soffrire fino a impazzire dal piacere!

[2] Ma La Palisse era davvero una ragazza? Be', vattelo un po' a vedere, maledizione. Lo vuoi fare o no qualche sforzo per imparare la cultura? (Domanda trabocchetto: la seconda « u » di « cultura » è francese?)

Infatti le seghe mentali non sono altro, come abbiamo visto, che la riproduzione iterata e automatica di pensieri portatori di una qualche tensione, cioè di *sofferenza*, generata da uno stato di *paura*, ossia di allarme nei confronti di qualcosa, che il nostro cervello ritiene pericoloso per la nostra incolumità, il più delle volte non reale ma *simbolica*.

Se quindi vuoi smettere di soffrire e vuoi goderti la vita, devi smettere di farti le seghe mentali.

Se non sei un/a dannato/a masochista, capisci tutta l'importanza del ragionamento.

Fine del capitolo (breve, no? che figata!)

Capitolo sesto

Del come non farsi le seghe mentali

Premessina[1]

La lettura di questo capitolo è consigliata ai soli lettori non nevrotici, cioè a pochissimi.[2]

I lettori nevrotici (specialmente ossessivi, ansiosi e depressi, cioè tutti) sono consigliati di saltare all'Appendice *Cosa può fare un povero nevrotico (meglio se ossessivo) per smettere di farsi le seghe mentali.*

Infatti, per applicare la tecnica descritta in questo capitolo occorre non avere il cervello completamente fuso.

Se stai leggendo questo libro, molto probabilmente tu sei un nevrotico, se no, se stai già bene e sei felice, cosa lo leggi a fare?

In particolare, sei probabilmente un ossessivo: infatti

[1] L'ho chiamata così, perché sennò la Premessa dell'inizio del libro ci patisce, a vedere che non è la sola al mondo. Le premesse sono fatte così: megalomani e patiscimili.

[2] In pratica, nell'ambito del sottogruppo umano dei lettori di questo libro (uno dei più esigui di tutta la storia della statistica socioculturale mondiale), nessuno. Quindi, questo capitolo (e conseguentemente questo libro) l'ho scritto per nessuno, cioè per niente. Mi sento il morale sotto le scarpe.

soltanto un nevrotico ossessivo come te può comprare un libro come questo.

Però sei certamente convinto di non essere un nevrotico, anzi ti incazzi come una iena se qualcuno, come me, ti dice che lo sei.

Bene, se sei incazzato come una iena, vuol dire che lo sei.

Se invece hai dei dubbi, prendi un appuntamento con uno psicoterapeuta e vedi insieme a lui come stanno le cose.[3]

A pensarci bene, credo che da buon nevrotico (specie se ossessivo) ti guarderai dal seguire il mio consiglio di non leggere questo capitolo, ma anzi godrai come un riccio a contraddirmi, in modo da avere tutto sotto controllo e nessuna zona oscura nell'universo che ti circonda.

Se poi sei un depresso, ti dico: forza ragazzo, fai uno sforzo e gargarizzati questo capitolo, tanto per te uno o l'altro è assolutamente lo stesso.

Poi per me puoi anche morire.

Se vuoi farmi un dispetto e non vuoi morire subito, mi consolo pensando che tanto ancora cinquant'anni di sofferenza e poi ti togli definitivamente dalle balle (di solito i depressi, chissà perché, ci patiscono, a questo pensiero, mentre per loro dovrebbe essere un bengodi).

In definitiva, convincendomi che qualcuno forse lo legge, questo dannato capitolo, mi sono tirato su il morale almeno fino alla cintura.

Adesso posso presentarmi alle signore senza che mi ur-

[3] Se poi scopri che tu sei sanissimo e che il nevrotico è lui, vuol dire che il tuo psicoterapeuta non vale una cicca, perché ha una capacità di convinzione che da uno a dieci vale meno venti.

lino dietro (o meglio, davanti) facendo finta di scandalizzarsi.

Questo è un esempio di sega mentale benefica.

La depressione

Questo è il capitolo più importante del libro.

Anzi, praticamente i capitoli precedenti puoi anche fare a meno di leggerli.

Mi dirai: ma come? me lo dici adesso che li ho già letti?

E be', cosa vuoi farci, così va la vita.

Che scopri che potevi fare a meno di fare una cosa soltanto dopo che l'hai fatta.

D'altronde è naturale: se prima non la fai, come cavolo fai a capire che potevi fare a meno di farla?

Anche a me è successo di capire soltanto adesso che quello che ho scritto prima non è così importante come quello che sto per scrivere adesso.

Ma ci sono due considerazioni da fare.

La prima è che questo giudizio è valido soltanto se riferito al *passato*.

Quando il passato era *presente*, questo giudizio non era valido, perché allora mi sembrava importante dire quello che ho detto.

Questo ragionamento apparentemente inutile te l'ho fatto perché accade spessissimo di inquinare il presente con giudizi negativi sul passato, con il risultato di deprimerci in merito a supposti errori commessi.

Questo è un tipico esempio di sega mentale.

Possiamo anche avere sbagliato, ma sbagliamo ancora se ci deprimiamo invece di trarne un insegnamento.

La seconda considerazione è che una qualche importanza la deve avere anche quello che ho detto prima, se sentivo il bisogno di dirlo.

Questo è un modo vantaggioso di vivere la realtà: vedendo nel presente gli aspetti positivi del passato.

Il vedere soltanto e anzi il soffermarsi sugli aspetti negativi del passato equivale a pensare cose non attinenti alla realtà e quindi a farsi delle seghe mentali.

E queste seghe mentali, che sono specificamente *malefiche*, alla lunga portano a una conseguenza terribile, che equivale a un suicidio: la *depressione.*

La depressione è il nostro più grande nemico: essa ci fa non solo soffrire, ma anche ammalare e morire.

Il presente grafico chiarisce la cosa.

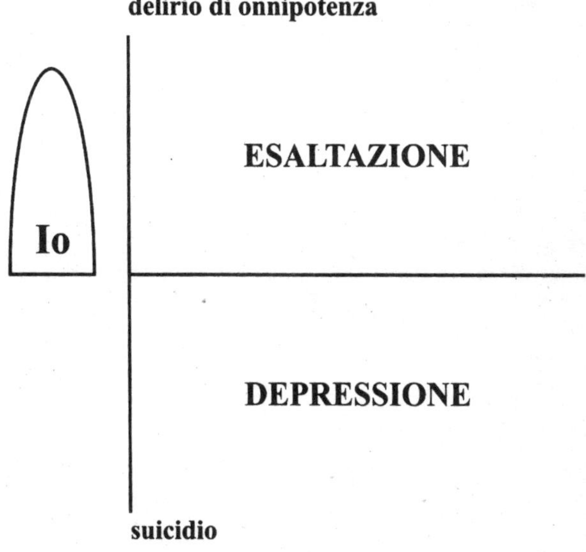

Affinché noi stiamo bene, in salute e benessere psichico, occorre che il razzo dell'Io sia in zona di *esaltazione.*

La depressione conduce al suicidio, conscio o inconscio.

La malattia è un suicidio inconscio.

Certo, al limite dell'esaltazione c'è il delirio di onnipotenza.

Ma stai tranquillo, non è questo il tuo caso, altrimenti avrei già sentito parlare di te e probabilmente mi avresti già fatto sequestrare questo libro.[4]

Il fatto è che il razzo dell'Io è pesante e come tutte le cose pesanti tende verso il basso (come sanno benissimo gli impotenti),[5] cioè appunto verso la *depressione.*

Questo fatto Freud lo ha chiamato *istinto di Thanatos* (morte).

Noi tendiamo naturalmente alla depressione, non all'esaltazione, specie dopo i venticinque anni, quando comincia il catabolismo cellulare, cioè quando muoiono più cellule di quante ne nascono.

Quindi occorre che ci difendiamo dalla depressione a tutti i costi, se vogliamo stare bene.

Siate disposti a fare qualunque cosa, anche la più turpe, pur di non andare in depressione.

L'importante è mantenere il nostro Io in esaltazione.

Un corso accelerato su «Come diventare Adolf Hitler in quattro lezioni» non sarebbe male, ogni tanto.

Tanto nessuno ce la fa a superare le quattro lezioni (e nemmeno a diventare Adolf Hitler: tu ce l'avresti il coraggio di andare in giro con quei baffetti?)

Poiché le seghe mentali malefiche sono la causa primaria della depressione, la cosa più importante, sul piano concreto, è dunque questa: come smettere di farsi le seghe mentali (malefiche)?

[4] Oddio, adesso che ci penso, ma non sarai mica LUI? Sono finito! Pietà!

[5] A proposito, non esistono impotenti, ma soltanto persone che si credono impotenti (e quindi lo diventano).

Cioè come smettere di andare in paranoia per ogni cosa che il nostro cervello decide essere un attentato alla nostra incolumità simbolica?

Cioè come smettere di pensare a cose (ritenute minacciose) non attinenti alla realtà?

E quindi come smettere, in generale, di pensare a una cosa?

Queste domande cruciali comportano due problemi.

Il primo problema è: siamo veramente in grado di smettere di pensare a qualcosa e, più in generale, siamo in grado di smettere tout court (che non vuol dire, come i più maliziosi pensano, «tutto corto») di pensare?

La risposta è: sì.

Il secondo problema è: come?

La risposta è in questo stesso capitolo (subdola incitazione subliminale a proseguire nella lettura).

La presenza mentale

A questo punto ti suggerisco una pausa e un bel diversivo.

Una doccia fredda va benissimo.

Anche una passeggiata da casa tua fino a Busto Arsizio, va benissimo.

Nel caso sfigatissimo in cui tu abiti già a Busto Arsizio e non hai la doccia, non so proprio cosa suggerirti.

Forse puoi fare due salti sulla veranda o sul balcone (ma quanti anni ha la tua veranda o il tuo balcone? Non sarà mica minorenne, eh?!): fai pure, ma poi non lamentarti se fai fatica a concentrarti nella lettura.

Perché quella che segue è una lettura molto impegnativa, che richiede tutta la tua concentrazione.

Presupposto dunque che tu ti accinga a proseguire con il cervello lucido e scattante (diciamo come il rasoio di

Ockham, che non è il mio barbiere, brutto/a ignorante!),[6] ecco il discorso che ti condurrà alla meta agognata: smettere di farti le seghe mentali (ma questa non sarà per caso un'altra sega mentale?)

Nella *Vita di Siddharta il Buddha* scritta da Thich Nhat Hanh in base ai testi canonici pali e cinesi[7] (la biografia ufficiale più attendibile del Buddha), si legge questo passo semplice e chiaro (così semplice e chiaro che è rivolto a dei bambini, e quindi puoi capirlo benissimo anche tu).

Così non hai più scuse e non puoi più dire che tu il buddhismo non lo capisci perché è troppo «esoterico»).[8]

Siete bambini intelligenti e sono certo che potete comprendere e mettere in pratica quanto vi dirò.

La Grande Via che ho scoperto è sottile e profonda, ma chiunque sia disposto a impegnare il cuore e la mente sarà in grado di capirla e di seguirla.

Bambini, dopo avere sbucciato un mandarino, potete mangiarlo con consapevolezza o distrattamente.

Cosa significa mangiare un mandarino con consapevolezza?

Mangiando un mandarino, sapete che lo state mangiando. Ne gustate pienamente la fragranza e la dolcezza.

Sbucciando il mandarino, sapete che lo state sbucciando; staccandone uno spicchio e portandolo alla bocca, sapete che lo state staccando e portando alla bocca; gustando la

[6] Vatti a leggere N. Abbagnano, *Storia della filosofia*, vol. I, UTET, Torino, 1963, pagg. 623-642. Anzi, già che ci sei, leggitelo tutto (tre volumi, totale 2156 pagine), che ti fa bene!

[7] Traduzione italiana edita da Astrolabio, Roma, 1992.

[8] Ma che cavolo vuol dire poi, «esoterico»? È forse la congiunzione di «esotico» e «isterico»?

fragranza e la dolcezza del mandarino, sapete che ne state gustando la fragranza e la dolcezza.

Bambini, cosa significa mangiare un mandarino senza consapevolezza?

Mangiando un mandarino, non sapete che lo state mangiando. Non ne gustate la fragranza e la dolcezza.

Sbucciando il mandarino, non sapete che lo state sbucciando; staccandone uno spicchio e portandolo alla bocca, non sapete che lo state staccando e portando alla bocca; gustando la fragranza e la dolcezza del mandarino, non sapete che ne state gustando la fragranza e la dolcezza.

Così facendo, non potete apprezzare la natura splendida e preziosa del mandarino.

Se non siete consapevoli di mangiarlo, il mandarino non è reale.

Se il mandarino non è reale, neppure chi lo mangia è reale.

Ecco cosa significa mangiare un mandarino senza consapevolezza.[9]

Ecco dunque il segreto!

per smettere di farsi le seghe mentali
occorre rivolgere la propria attenzione
a ciò che si sta facendo,
a ciò che ci succede,
al mondo che si ha intorno

Smettere di pensare!
Smettere di macinare pensieri malefici!
Smettere di farsi le seghe mentali!

[9] Pagg. 90-91.

Mi dirai: bella scoperta!

Per smettere di farmi le seghe mentali devo smettere di farmi le seghe mentali!

Se fossi colto/a,[10] mi diresti: ma questa è una tautologia!

Sei ingiusto/a.

Perché, se guardi bene, scopri che io non ti ho detto semplicemente di smettere di farti le seghe mentali, ma ti ho detto *come* smettere.

È vero che per ottenere questo devi fare un atto di volontà.

Ma io ti ho detto dove devi indirizzare il tuo atto di volontà.

La tua volontà deve mettere in moto la tua *attenzione.*

Devi semplicemente rivolgere la tua attenzione su *quello che stai facendo.*

È ciò che il Buddha chiama «presenza mentale».

La presenza mentale è il segreto per smettere di farsi le seghe mentali.

Quindi

La presenza mentale nella realtà è il segreto per godersi la vita

Infatti, se tu sei presente alle cose che stai facendo e che ti circondano, te le godi.

Naturalmente, anche questa cosa, come purtroppo tante altre nella nostra vita, anche se è semplice a dirsi, è difficile a farsi.

[10] Questa del/la lettore/trice colto/a, è una sega mentale che mi assilla: riuscirà il mio libretto a raggiungere il popolo colto o dovrà limitarsi soltanto a quello da cogliere? (Se si tratta di signore ancora piacenti mi sta comunque benissimo.)

Ma c'è un sistema, una tecnica.

È proprio di questa che ti parlerò nei prossimi paragrafi.

Il mondo

A questo punto posso dire ciò che probabilmente disse il Creatore a chi gli faceva notare che sette giorni per creare il mondo erano un po' troppi: «Non mettermi fretta, porco Giuda!»[11]

Le cose importanti vanno costruite gradualmente.

Vi sono tre fasi pratiche che devi attuare, per realizzare la presenza mentale.

La prima te la descrivo in questo paragrafo, la seconda nel paragrafo intitolato «Il corpo», la terza in quello seguente intitolato «La mente».

La prima fase da attuare, nel processo di realizzazione della presenza mentale, consiste nel concentrare la tua attenzione *sul mondo materiale che ti circonda.*

Ossia sulla *realtà.*

Se concentri la tua attenzione su un fatto o su un oggetto, essi per te diventano reali, come ha detto il Buddha.

Non solo, ma assumono un rilievo particolare, li vedi chiaramente in tutta la loro unicità e la loro bellezza: li assapori e li godi.

Se tu passeggi per la strada e una persona ti sorride e questo fatto ti scivola attraverso la coscienza come l'acqua sull'ala di un gabbiano senza essere realmente osservato da te, quella persona non esiste per te.

E come lei non esiste per te, così tu non esisti per lei.

[11] Naturalmente il Creatore sapeva già che ci sarebbe stato Giuda, il traditore di Suo figlio, e cominciava giustamente a insultarlo ancora prima di creare il mondo: previdente, il Creatore, no?

E se così trascorre la tua vita, tu corri verso la morte senza vedere realmente nulla, senza vivere realmente nulla, senza godere realmente nulla.

Non sei esistito/a.

Ma se ti fermi a osservare, a vivere con consapevolezza, con presenza mentale, ogni istante, ogni persona, ogni oggetto, ogni situazione della tua vita, potrai dire di avere realmente vissuto, di essere stato/a realmente presente nel tuo mondo, nel tuo tempo, di essere realmente esistito/a, e non essere stato/a soltanto un fantasma che ha attraversato la vita senza lasciare traccia.

Se rivolgerai la tua attenzione al mondo che ti circonda, scoprirai che ci sono in esso mille meraviglie che non avevi mai notato, assorto/a com'eri nelle tue seghe mentali.

Comincia da questo preciso istante.

Osserva il mondo che hai intorno.

Osserva gli oggetti, le persone, uno per uno, attentamente, con calma.[12]

Non avere nessuna premura, non devi ottenere assolutamente nulla, non devi cercare assolutamente nulla.

Osserva soltanto.

Nient'altro.

Diventa completamente passivo/a.

Sei un/a osservatore/rice.

Sei soltanto una *coscienza* che registra ciò che vede.

[12] Questo significa che per prima cosa devi gettare dalla finestra questo libro (il che potrebbe indurre a leggerlo quello che se lo piglia in testa, se non altro per curiosità: il che non sarebbe male, come modalità di diffusione). Poiché però mi sembra un po' precipitoso, gettare adesso il libro dalla finestra (potrai farlo con più soddisfazione quando avrai finito di leggerlo), facciamo che tutto quello che sto dicendo è finto (forse ti sarai tragicamente accorto che lo è dall'inizio) e che potrà diventare vero soltanto quando tu passerai all'azione.

Ma ti accorgi presto che diventi partecipe della realtà, che diventi gli stessi oggetti che stai osservando.

Cominci a vederli per quello che essi sono, senza alterarli con le interpretazioni della tua mente.

Perché?

Perché quando osservi, quando osservi veramente, con attenzione, con partecipazione, smetti di pensare.

Smetti di farti le seghe mentali.

Il nostro cervello agisce normalmente come il microprocessore di un computer: può anche andare veloce (mai come un computer, però), ma proprio come quello non può ricevere normalmente più di una «rappresentazione» (concetto, immagine, emozione, sensazione) per volta.

Probabilmente nel nostro armadietto-cervello si attivano normalmente soltanto alcuni circuiti per volta.

Siamo in grado, sì, di attivarne anche molti contemporaneamente, ma soltanto in casi eccezionali: è quella che chiamiamo «intuizione», ma di essa ti parlerò più avanti.

Per adesso lasciamola da parte.

Se dunque ti concentri sul mondo che ti circonda, non attivi più i tuoi pensieri.

Prova, se non ci credi.

Certo non riuscirai a mantenere molto a lungo questo stato di vuoto mentale, di partecipazione alla realtà.

Il pensiero, il pensiero automatico che la tensione che è dentro di te spinge fuori e che è un bisogno di movimento, un tentativo di scaricare quella tensione, riprende il suo flusso, il suo turbinio, ti riporta in una condizione di incoscienza, di inconsapevolezza della realtà, perché quando sei avvinto/a dal flusso del pensiero sei come trascinato/a dalla corrente di un fiume: non riesci più a goderti il panorama che ti circonda; esso ti scivola via, veloce, sfocato, appena intravisto.

Ma ogni volta che lo vorrai potrai ritornare a osservare.

Ormai sai come fare, ormai hai imparato.

Sarà sufficiente che tu rivolga la tua attenzione al mondo che ti circonda smettendo di cercare, smettendo di volere, smettendo di fare qualcosa.

Osservare e basta.

Diventare le cose, le persone, le situazioni, il mondo, la *realtà.*

È come uscire dalla corrente impetuosa del fiume e sedersi sulla riva a osservare con calma, con attenzione, con amoroso interesse, il panorama che ti circonda e lo stesso fiume che scorre via, impetuoso ma inconsapevole.

Un vecchio paradosso di Zenone di Elea diceva che se il tempo scorre il tempo non esiste, perché l'istante non potendosi fermare non c'è: appena comincia è già finito.

Questa è per noi una verità *esistenziale.*

Se noi siamo avvinti, immersi e immedesimati nel nostro pensiero, poiché esso, come il flusso inarrestabile del tempo, è un continuo divenire, in realtà non esiste, non esiste nella coscienza dell'esistere, che non può essere divenire ma *essere.*

L'esistenza si coglie soltanto quando il flusso del pensiero si arresta, quando il pensiero tace, quando dentro di noi si fa il silenzio, il silenzio nel quale noi finalmente vediamo la realtà, finalmente diventiamo realtà, perché usciamo dal mondo blindato della nostra fantasia e del nostro isolamento mentale.

Quando realizziamo dentro di noi il *silenzio interiore.*

Questo in Oriente è detto tradizionalmente *meditazione.*

Poiché è molto importante, sul piano pratico, per smettere di farsi le seghe mentali, a essa ho dedicato il prossimo paragrafo.

La meditazione

Il silenzio interiore è chiamato tradizionalmente *meditazione.*[13]

Non è un silenzio che l'osservatore possa sperimentare. Se ne fa esperienza e lo riconosce, non è più silenzio. Il silenzio della mente meditativa non sta entro i confini dell'individualità, perché questo silenzio non ha frontiere. C'è solo il silenzio, nel quale lo spazio della divisione cessa.[14]

Impara a praticare la meditazione.

La meditazione, nella tradizione orientale, consiste nello smettere di pensare, e quindi di identificarsi con l'Io, e nel riassumere la nostra originale e autentica consistenza psichica: la *coscienza.*

[13] Il termine «meditazione» appartiene alla cultura occidentale ed è usato tradizionalmente in ambito religioso per indicare la pratica tipicamente monastica di rivolgere volontariamente il pensiero ad argomenti *edificanti*, quali i misteri della fede, l'insegnamento del Cristo, la vita dei Santi, ecc. La pratica orientale del *silenzio mentale*, che è decisamente diversa da quella, è stata, soltanto per una somiglianza di atteggiamento esteriore, indicata con lo stesso termine. Più propriamente, dovrebbe essere denominata *contemplazione.* Poiché tuttavia il termine «meditazione» è di uso comune, verrà qui mantenuto.

[14] J. Krishnamurti, *La sola rivoluzione*, op. cit., pag. 17. Questa nebulosa descrizione (nebulosa come tutte le descrizioni orientali della meditazione), che ho riportato per omaggio all'unico libro che secondo me descrive lo Zen, significa semplicemente che nel silenzio (o vuoto) mentale, in cui il pensiero tace e vi è soltanto presenza delle sensazioni e della coscienza di esistenza, viene eliminata anche l'identificazione con l'Io, ossia la coscienza di individualità, che è caratteristica del pensiero. L'azione dell'osservazione diviene così essenzialmente *impersonale.*

Comincia semplicemente con l'osservare ciò che ti circonda: devi arrivare al punto di essere capace di startene tranquillamente in una stanza e divertirti a scoprirne tutti gli aspetti.[15]

Poi prova a deconcentrarti.

Cioè a non concentrare più la tua attenzione su qualcosa in particolare.

Tu hai già fatto questa esperienza: la deconcentrazione è lo stato naturale, primitivo, dell'essere umano. Esso è infatti tipico dei bambini.[16]

Lascia andare la tua attenzione in vacanza.

Sfoca il tuo sguardo.

Lascia che la tua mente vada alla deriva.

Per farlo, devi diventare completamente *passivo/a*, devi diventare l'*osservatore/trice* di ciò che ti circonda, del tuo corpo, delle tue sensazioni, dei tuoi pensieri, di tutto quanto si presenta alla tua coscienza, senza selezionare, senza desiderare, senza rifiutare, senza giudicare.[17]

[15] Questo è un test decisivo, per la diagnosi della nevrosi: se non riesci a startene tranquillo per un'ora a osservare una stanza e anzi a un certo punto ti chiedi: «Ma che cavolo sto a fare qui come un/a idiota chiuso/a in una stanza a perdere del tempo dietro alle cazzate di quel deficiente che ha scritto quel libro sulle seghe mentali?», vuol dire che sei decisamente un/a nevrotico/a; puoi allora venire a trovarmi: ti insegnerò io, brutto/a nevrotico/a che non sei altro, a contemplare una stanza per un intero pomeriggio senza lamentarti! Ad esempio la mia sala d'aspetto.

[16] «I bimbi, di per sé, non sono mai concentrati su nulla. La loro coscienza è aperta in ogni direzione. Tutto viene accolto e nulla viene escluso. Il bambino è aperto a ogni sensazione; non vi è nulla che la sua coscienza rifiuti» (B.S. Rajneesh, *Meditazione dinamica*, op. cit., pagg. 15-16).

[17] Diventare passivi e contemplativi, per noi occidentali, è particolarmente difficile: questo perché abbiamo il mito della *produttività* (una vera sega mentale). Con delle eccezioni: ad esempio i napoletani.

La pratica della meditazione genererà in te una grandissima virtù: l'*accettazione.*

E scoprirai che l'accettazione è *amore.*

L'amore, l'amore universale di cui parla il Buddha, nascerà e vivrà in te con spontaneità e naturalità.

Gli altri lo percepiranno e tutta la tua vita cambierà.

Vivrai la felicità che è appagamento e amore.

Quando avrai imparato a fare il silenzio dentro di te, a osservare senza pensare, a diventare le cose, le persone, il mondo che ti circonda, la realtà, quando sarai diventato/a tu stesso/a realtà, quando avrai sciolto la tensione del fare, dell'ottenere, del conseguire, del realizzare, del conquistare, del costruire, allora e soltanto allora potrai ricominciare a fare, ad agire con *consapevolezza.*

Infatti soltanto se sarai diventato/a passività, passività assoluta, potrai farti poi consapevolmente attività, creazione.

Perché l'attività che non partecipa della passività, la penetrazione che non partecipa dell'accoglimento, è inconsapevole, non esiste alla coscienza.

Comincerai allora a vivere come ha indicato il Buddha.

A essere consapevole di ogni tuo atto, di ogni tua interazione con il mondo.

Quella stessa consapevolezza, quello stesso atto passivo dell'osservare, quello stesso silenzio che hai sperimentato nella meditazione, nell'osservazione del mondo che ti circonda, lo sperimenterai nell'azione, anche la più intensa, la più concitata, la più fulminea.

Ci saranno allora due piani di energia, dentro di te.

Uno, quello dell'azione, dell'attività, della penetrazione nel mondo.

È la tua parte maschile.

Ed è, anche se necessario alla vita, *inconsapevole.*

L'altro, quello dell'osservazione, della passività, dell'accettazione del mondo.

È la tua parte femminile.

È complementare al primo e lo arricchisce.

Perché è *consapevole.*

Se vivrai entrambi questi due piani di energia della tua personalità, vivrai appieno la tua vita, ti realizzerai nel mondo, sarai nel mondo con *presenza consapevole.*

E poi scoprirai un'altra cosa.

Scoprirai che l'azione consapevole, l'azione accompagnata dalla consapevolezza, dalla presenza mentale, dall'osservazione distaccata, è un'azione molto più efficace dell'azione inconsapevole, che è cieca e priva di guida.

E allora comincerai a realizzare: opere, progetti, imprese.

La qualità della tua vita e di quella di coloro che ti circondano migliorerà, perché cominceranno a trovarti più simpatico/a, più disponibile e rilassato/a, perché tu comincerai, finalmente, a interessarti a loro.

Probabilmente continuerai ancora a farti delle seghe mentali, perché il pensiero, il pensiero automatico che viene prodotto dal sovraccarico elettrico delle tue reti neuronali continuerà a prodursi – come si produce la pioggia per evaporazione del mare – per un'energia che si rinnova, e tu la rinnovi con le tue paure, con le tue identificazioni, con i fantasmi creati dal tuo stesso pensiero.

Ma piano piano, come piano piano l'acqua scava la roccia, se praticherai con pazienza e costanza, la frequenza delle tue seghe mentali diminuirà, per mancanza di energia «seghistica», come diminuisce la violenza della pioggia quando le nuvole si sono prosciugate.

Quando sarai saldamente fondato/a sull'osservazione consapevole del mondo, passerai alla seconda fase dell'itinerario che conduce alla presenza mentale e all'eliminazione delle seghe mentali, quella che viene descritta nel prossimo paragrafo.

Il corpo

La seconda fase nella realizzazione della presenza mentale consiste nel rivolgere l'attenzione al proprio *corpo.*

Tutte le volte che ti scopri a essere preoccupato/a, a temere per qualcosa, a rimpiangere qualcosa, a desiderare qualcosa che non puoi avere, a volere liberarti di qualcosa dalla quale non puoi liberarti, e così via in tutta la casologia varia e terribile delle seghe mentali, porta semplicemente l'attenzione al tuo corpo e scoprirai che il respiro è concitato, che il cuore sta battendo troppo velocemente, che lo stomaco è contratto, che hai le mandibole serrate, che i muscoli delle spalle e del collo sono duri come pietre.

E allora comincia a parlare con il tuo corpo, con i tuoi polmoni, con il tuo cuore, con il tuo stomaco, con le tue mandibole, con le tue spalle e con il tuo collo.

Tu non parli mai con il tuo corpo, non lo degni mai della tua attenzione, lo abbandoni sempre a se stesso, ai suoi processi automatici.

Non devi stupirti poi se un giorno o l'altro il tuo corpo si ammala.

Si è logorato nei suoi automatismi tensivi, nel suo stress solitario.

Parla con il tuo corpo e digli di rilassarsi, perché non c'è niente che lo minaccia, è al sicuro nelle tue mani, tu lo assisti e lo proteggi.

Vedrai che alla fine il tuo corpo imparerà a rilassarsi.

Per imparare a fare questo ti ci vorrà un po' di tempo, ma ne vale la pena, ne va della tua salute, della tua felicità e della tua vita.

Se hai difficoltà a concentrarti sul tuo corpo, segui questo metodo: concentrati *sul tuo respiro.*

La concentrazione sul respiro è il modo più semplice per concentrarsi sul proprio corpo.

Non sottovalutare la concentrazione sul respiro: è una tecnica potentissima. Essa costituiva la tecnica personale del Buddha. Con essa il Buddha entrò nella trance del *Nirvana* ed ebbe le sue mitiche visioni.

Se riesci a mantenere la concentrazione sul respiro per mezz'ora, eliminando qualsiasi pensiero e qualsiasi oggetto della percezione, entri anche tu nella trance del *Nirvana.*

Però segui il mio consiglio: lascia perdere; è un'altra dannata sega mentale.

Infatti non lo fa nessuno.[18]

La difficoltà maggiore, in tutti questi esercizi di concentrazione su oggetti neutri o gratificanti, è che ci si addormenta.

Perché questo avviene?

Perché, come ho detto, la concentrazione su un oggetto neutro o gratificante abbassa il livello della tensione e questo permette all'organismo di ricostituire il suo livello energetico ottimale, che si è abbassato in seguito al grande consumo energetico dovuto allo stato di tensione: la modalità naturale con cui l'organismo ricostituisce il suo livello energetico ottimale è appunto il sonno.

Cerca dunque di non addormentarti ma di rimanere vigile e cosciente, quando ti concentri sul tuo respiro.

Quando sarai diventato/a bravo/a nel concentrarti sul tuo respiro, impara a concentrarti sul tuo corpo, perché

[18] È curioso tuttavia il perché non lo fa nessuno. Per due motivi assurdi. Il primo è che nessuno ritiene di avere mezz'ora da perdere per fare un esperimento del genere (incredibile ma vero). Il secondo è che nessuno riesce a concentrarsi sul proprio respiro per mezz'ora di seguito e se ci riesce si addormenta come una pera (ma le pere, poi, dormono davvero?).

lo scopo di questa pratica non è la trance, l'estraniazione dal mondo e dalla realtà, ma esattamente il contrario: la presenza mentale nella realtà. E il tuo corpo fa parte della realtà.

Impara dunque a rivolgere l'attenzione al corpo, a diventare consapevole di esso.

Sii consapevole del corpo come sei consapevole del mondo che ti circonda.

La consapevolezza del corpo non dovrà mai più abbandonarti, o meglio tu non dovrai mai più abbandonare per il resto della tua vita la pratica di diventare, il più spesso possibile, consapevole del tuo corpo.

La consapevolezza del proprio corpo, come la consapevolezza del mondo che ci circonda, fanno parte integrante della presenza mentale, della nostra presenza nella realtà.

Quando sarai saldamente fondato/a sulla consapevolezza delle tue azioni e del mondo che ti circonda nonché del tuo corpo, allora, e soltanto allora, passerai alla terza fase, quella conclusiva, quella che ti libererà definitivamente dalle seghe mentali, dalla sofferenza e dall'infelicità.

Essa viene descritta nel prossimo paragrafo.[19]

La mente

Cosa vuol dire concentrare l'attenzione sulle tue azioni, sul mondo che ti circonda, sul tuo corpo?

L'attenzione è come il fascio luminoso di un faro. Con-

[19] Chi è arrivato a questo punto della lettura non partecipa al concorso proposto nell'Appendice, per cui si verifica il famoso paradosso di Russell (Bernardo, bolognese – pronuncia: «Rusél» –, da non confondersi con Bertrando, inglese – pronuncia: «Ràssel» –): «Chi arriva a Bologna, mangia i tortellini; chi prosegue per Catanzaro, non mangia i tortellini».

centrare l'attenzione su qualcosa vuol dire dirigere con un atto di volontà il fascio luminoso del faro della tua attenzione su quel qualcosa.

Rivolgere l'attenzione significa *osservare.*

Ora, come rivolgi l'attenzione alle tue azioni, al mondo che ti circonda, al tuo corpo, così puoi rivolgere l'attenzione *alla tua mente.*

Ossia al tuo *pensiero.*

Prova a fare ancora una volta il silenzio dentro di te.

Ormai hai imparato a farlo.

Ma questa volta invece di rivolgere la tua attenzione alle tue azioni, al mondo che ti circonda o al tuo corpo, rivolgila al tuo pensiero.

Ascolta.

Udrai dentro di te delle parole.

Infatti il pensiero è *discorsivo.*

Usa cioè il *linguaggio.*

Udrai quindi delle parole, delle frasi, dei discorsi, dei ragionamenti.

Oppure vedrai delle immagini, delle azioni, come in un film.

Come nel sogno.

Essi si formano *automaticamente.*

Costituiscono il tuo *pensiero.*

Sono i circuiti neuronali del tuo cervello, che carichi della tensione delle emozioni in essi registrate si attivano automaticamente, dando luogo al pensiero.

Il pensiero non soltanto è espressione della tensione che c'è dentro di te, ma esso stesso ti genera tensione. Perché riproduce e quindi rinnova quelle stesse emozioni che lo hanno generato.

Il pensiero è il flusso autoalimentato delle seghe mentali.

Ma se tu impari a osservarlo, questo flusso rallenta, sempre più, fino a fermarsi.

Ti libererai dunque finalmente del pensiero, delle seghe mentali!

Imparerai a essere consapevole delle tue azioni, del mondo che ti circonda, del tuo corpo, senza la sovrapposizione disturbante e spesso vulnerante del pensiero.

Impara quindi a osservare il tuo pensiero, come hai imparato a osservare le tue azioni, il mondo che ti circonda, il tuo corpo.

Impara a considerare il tuo pensiero per quello che è: un prodotto automatico della tensione registrata nella tua memoria, ossia sostanzialmente un *corpo estraneo*, qualcosa di sostanzialmente distinto dal tuo Io, da te in quanto osservatore/trice, cioè in quanto *coscienza*.

Il pensiero è un prodotto della *memoria*.

Ciò che si è registrato nella tua memoria accompagnato da un'emozione, cioè da *tensione*, tende a riprodursi, perché quella stessa tensione lo riattiva.[20]

L'eliminazione del pensiero (e l'eliminazione delle seghe mentali comporta necessariamente l'eliminazione di una buona parte del pensiero) conduce al superamento e alla liberazione dal legame con la *memoria*, e quindi alla capacità di vedere il mondo che ti circonda con occhi nuovi, liberi da esperienze e quindi da giudizi precedenti (pregiudizi).

È come rinascere continuamente a nuova vita.

[20] La tensione è infatti un potenziale elettrico che si genera fra i due poli del neurone e che interessa quindi, coinvolgendo diversi neuroni, un intero circuito neuronale. E la percezione deriva probabilmente appunto dall'assunzione di uno stato elettrico da parte dei circuiti neuronali.

La memoria e il pensiero sono come una candela. Tu la spegni e la riaccendi di nuovo; tu dimentichi e tu ricordi di nuovo più tardi. Tu muori e rinasci di nuovo in un'altra vita.[21]

Il cessare del pensiero e della memoria, ossia il *vuoto mentale*, è precisamente ciò che gli orientali chiamano *meditazione*.

Nell'esperienza c'è sempre il testimone ed egli è sempre legato al passato. La meditazione, al contrario, è quella completa inazione che è la cessazione di tutta l'esperienza. L'azione dell'esperienza ha le sue radici nel passato e pertanto è vincolata al tempo; porta all'azione che è inazione, e genera il disordine. La meditazione è la totale inazione che proviene da una mente che vede ciò che è, senza l'impiccio del passato.[22]

Ma questa esperienza dell'osservazione del pensiero e del suo essere un prodotto della memoria conduce all'esperienza della non permanenza dello stesso pensiero e della stessa memoria.

Il pensiero può dare continuità alle cose che pensa; può dare permanenza a una parola, a una idea, a una tradizione. Il pensiero pensa se stesso come permanente, ma è permanente? Il pensiero è la risposta della memoria, e quella memoria è permanente? Può costruire un'immagine e dare a quella immagine una continuità, una permanenza, chiamandola Atman, o come vi piace, e può ricordare

[21] J.Krishnamurti, *La sola rivoluzione*, op. cit., p. 25.
[22] Idem, p. 41.

la faccia del marito o della moglie e restarle attaccato. [...] Ma la fiamma che è stata spenta non è la stessa che la fiamma nuova. C'è una fine del vecchio perché il nuovo sia. [...] Non c'è nulla di permanente né sulla terra né in noi stessi.[23]

La consapevolezza è dunque anche un'osservazione *mentale*.

È evidente infatti che devi osservare i tuoi pensieri, per accertarti che una parte di essi (le malefiche seghe mentali) smettano di prodursi.

E insieme con i tuoi pensieri osserverai anche le tue *emozioni* e le tue *sensazioni*, ossia tutta la tua *attività percettiva*.

Quando avrai imparato a osservare le tue percezioni (le tue sensazioni, le tue emozioni, i tuoi pensieri), scoprirai tre cose.

La prima è che esse si producono automaticamente, indipendentemente dalla tua volontà (la tua volontà è impegnata a farti mantenere il ruolo dell'osservatore/trice).

E questa prima cosa la conosci già.

La seconda è che rimanendo in questo ruolo di osservatore/trice tu non sei più colpito/a nel profondo dalle tue sensazioni e dalle tue emozioni. Si attua cioè in te una sorta di *distacco* dalle tue sensazioni e dalle tue emozioni.[24]

La terza è che rimanendo in questo ruolo di osservato-

[23] Idem, p. 25.

[24] Probabilmente, l'elettrificazione delle reti neuronali corrispondenti alla consapevolezza comporta la riduzione dell'elettrificazione delle reti neuronali corrispondenti alle sensazioni e alle emozioni, che quindi risultano *attenuate*.

re/trice il tuo pensiero rallenta la sua frequenza, gradualmente, fino a fermarsi.[25]

Questa dunque è la fase finale e definitiva della presenza mentale, o meglio della consapevolezza, che ti permetterà di non farti più le seghe mentali, che le taglierà alla radice, impedendo loro di riprodursi.

L'assunzione del ruolo di osservatore/trice della tua attività percettiva ti darà il massimo rilassamento possibile nello stato percettivo normale, ossia la massima diminuzione possibile, nello stato percettivo normale, della tensione.

Nello stato percettivo straordinario della *trance*, scopo ultimo dello Yoga, la tensione è addirittura totalmente eliminata.

Ma questo è un limite che puoi benissimo fare a meno di raggiungere e vivere lo stesso benissimo una vita soddisfacente e felice.

Anzi, se ti accanisci a raggiungerlo, crei tensione e ricadi nella trappola della nevrosi (cioè delle seghe mentali).

Il Buddha ha detto infatti che il vero distacco è quello che ci rende distaccati anche dal fine di raggiungere il distacco.

Perché l'assunzione del ruolo di osservatore della tua attività percettiva ti permette di sciogliere la tua tensione e quindi di eliminare la tua sofferenza?

Perché il ruolo di osservatore è un ruolo totalmente *passivo*.

[25] Probabilmente, l'elettrificazione delle reti neuronali corrispondenti alla consapevolezza comporta non soltanto la riduzione ma addirittura la neutralizzazione dell'elettrificazione delle reti neuronali corrispondenti al pensiero. Questo fa presumere che la totalità dell'energia elettrica cerebrale tenda a rimanere costante, spostandosi semplicemente da un distretto all'altro del cervello.

La tensione, che è una modalità *dinamica* dell'organismo, si forma in funzione del compimento di un *atto*. O meglio in presenza di un *atto intenzionale*. Proprio perché in-*tendere* a un atto dà luogo appunto a una *tensione*.

Tensione e attività intenzionale sono fra loro *conseguenti*.

Ove cessa l'attività intenzionale, cessa anche la tensione.

Impara dunque a diventare *passivo/a*. O meglio, *ricettivo/a*.

Il ruolo dell'osservatore non comporta infatti l'intervento sulla dinamica percettiva: osservare non è intervenire.

Questo è fondamentale. Poiché lo scopo di tutta l'operazione è lo scioglimento della tensione, esso non può essere raggiunto se non viene realizzata una condizione di *passività*.

Ogni intenzione di attività genera infatti tensione, come ti ho spiegato.

Se sei agitato/a dalla tensione, fai semplicemente questo: non opporti alla tua tensione, impara a osservarla; accettala e osservala. Non fare altro: osservala e aspetta che ti passi.

Se hai un raffreddore e sai che non c'è barba di medicina che riesca a fartelo passare, cosa fai? T'incazzi e ti tagli il naso? No, se non sei del tutto scemo/a. Aspetti semplicemente che ti passi. Be', fai lo stesso con la tensione, con la paura, con l'incazzatura, con l'avvilimento, con la sofferenza, con tutte le dannate emozioni negative: aspetta semplicemente che ti passino. E osservale. L'essere osservate le mette a disagio come una signora che fa la pipì dietro un'auto nel parcheggio di un supermercato: cerca di fare più presto possibile a scaricarsi e a portare via le trippe.

In questo modo la tua dinamica percettiva si modificherà spontaneamente, senza sforzo.

Il tuo pensiero discorsivo analitico (la famosa sega mentale) finirà per affievolirsi o addirittura per scomparire e sarà sostituito dall'*intuizione*, un pensiero sintetico che come un flash abbraccia in un attimo diversi ragionamenti, immagini, sensazioni ed emozioni. Una specie di funzione «turbo» del motore-cervello.

Acquisterai così una capacità di comprensione e penetrazione del mondo che ti circonda (comprese le persone, la cui personalità vedrai molto più chiaramente e immediatamente) superiore al normale.

Il pensiero intuitivo è infatti il mezzo attraverso il quale noi attuiamo la *conoscenza* (tutte le creazioni umane, da quelle artistiche a quelle scientifiche, sono infatti nate come intuizioni). Il pensiero analitico serve soltanto a *comunicarla*.

L'intuizione riuscirà più facile alle femminucce che ai maschietti, perché la parte femminile del cervello[26] ha

[26] La fisiologia ha accertato che esiste una differenza morfologica, e quindi funzionale, fra il cervello maschile e quello femminile: il primo presenta un maggiore sviluppo dell'emisfero sinistro, sede del linguaggio e del pensiero analitico, mentre il secondo presenta un maggiore sviluppo dell'emisfero destro, sede dell'intuizione e del pensiero sintetico (cfr. il già citato R. Ornstein e R. Thompson, *Il cervello e le sue meraviglie*, pagg. 177-8). Possiamo quindi dire con un'approssimazione tipicamente giornalistica che c'è una parte maschile del cervello (emisfero sinistro) e una parte femminile del cervello (emisfero destro). Ai maschilisti sembrerà impossibile che esista una parte femminile del cervello e che ce l'abbiano dentro la testa anche loro, dal momento che sono convinti che non solo non esista un cervello femminile, ma che quel poco di cervello che hanno le donne (è stato scientificamente accertato che il cervello femminile pesa meno di quello maschile, il che ha prestato un argomento formidabile alla tesi maschilista dell'imbecillità delle donne, mentre secondo me è soltanto la prova scientifica del fatto che gli uomini sono più pesanti delle donne, specie nella con-

una propensione naturale a usare l'intuizione più che il ragionamento.[27]

Impara dunque a osservare le tue sensazioni, le tue emozioni, i tuoi pensieri.

Diventa un/a osservatore/trice della tua vita, interiore ed esteriore.

versazione) altro non sia che una versione ridotta del cervello maschile (vedi la leggenda della donna creata da una costola di Adamo, dimostrata irrimediabilmente falsa dall'avvento della radiografia, che ha definitivamente provato che le donne e gli uomini hanno lo stesso numero di costole). L'ironia è che la scienza, di cui gli uomini si sono per millenni sentiti unici artefici e depositari, è proprio un prodotto dell'*intuizione* (tutte le teorie scientifiche, da quella di Newton a quella di Einstein, sono infatti nate come intuizioni: la differenza fra i due consiste soltanto nel fatto che il primo ha dovuto farsi tirare una mela in testa per farsela venire, mentre il secondo si è accontentato di passare dei pomeriggi noiosissimi all'ufficio brevetti di Berna, dove evidentemente non aveva niente da fare), cioè della parte femminile del cervello: quindi sono le donne le depositarie della *conoscenza*, che è *pensiero sintetico*; agli uomini spetta il *pensiero analitico* (che pare sia appunto un prodotto della parte maschile del cervello), il quale presiede non alla conoscenza bensì alla *comunicazione* (cioè al linguaggio). E difatti se un uomo interviene a un party e vuole documentarsi sulle relazioni intercorrenti fra gli invitati cosa fa? Si siede in un angolo e prende appunti, poi va a casa, ci si chiude per una settimana e scrive un trattato. Una donna entra, dà un'occhiata in giro, ha già capito tutto di tutti. Non ci scriverà mai un trattato perché non gliene frega niente. In compenso andrà a spiattellare a tutti le tresche che ha scoperto. (Questa era una volta la differenza fra uomini e donne, quando esisteva ancora una differenza. Oggi le donne si comportano esattamente come gli uomini: hanno raggiunto, come volevano, la parità.)

[27] Adesso mi viene il sospetto che probabilmente saranno pochissime le donne che leggeranno questo libro, perché alle donne di leggere i libri che insegnano a non farsi le seghe mentali non interessa probabilmente un accidente, in quanto li ritengono una sega mentale e loro credono che le seghe mentali non se le fanno. Forse non ce ne sarà neppure una. Porcavacca, e io che ho fatto una fatica della ma-

Assumerai un distacco, nei confronti di situazioni, persone ed emozioni, che ti metterà al riparo da ogni attacco, da ogni frustrazione, da ogni sconfitta.

All'inizio sarà molto difficile, per te, farlo. Perché dovrai attivare una funzione cerebrale che normalmente non eserciti: la *consapevolezza.*

Ma vale la pena di fare uno sforzo.

Il Buddha ha parlato appunto di «retto sforzo».[28]

Lo stato di consapevolezza può infatti divenire consueto, o almeno frequente, mediante un atto di volontà opportunamente *reiterato.*

La ricompensa è la liberazione definitiva dalle seghe mentali, la felicità, quella vera, che non è la frenetica esaltazione che ti prende quando vieni a sapere che hai vinto un miliardo al totocalcio o che tua moglie è scappata con il macellaio, e che dopo qualche giorno ti passa, bensì la sicura pace interiore, la capacità di aderire alle cose, alle persone e alla vita senza conflitti, senza contrasti, senza dolore, in perfetta armonia; la capacità di goderti la vita, accettandola per quello che è, traendone il meglio e godendone consapevolmente ogni aspetto, anche il più mo-

donna per far vedere alle donne che non sono un maschilista e che mi rivolgo indiscriminatamente a entrambi i sessi con quella menata del «sei contento/a». Fangrullo, adesso la smetto con questa pagliacciata e scrivo come Dio comanda. No, cavolo, se no perdo il primato storico del primo libro al mondo rivolto a lui/lei. Continua la menata.

[28] È uno degli Otto Nobili Sentieri, il nucleo dell'insegnamento del Buddha: Retta Comprensione, Retto Pensiero, Retta Parola, Retta Azione, Retti Mezzi di Sussistenza, Retto Sforzo, Retta Presenza Mentale, Retta Concentrazione, come sono presentati dalla tradizione (cfr. Thich Nhat Hanh, *Vita di Siddharta il Buddha*, op. cit. pag. 103). Per conoscere l'insegnamento originale del Buddha, vedi G.C. Giacobbe, *Il prezioso dono di Siddharta*, Ed. Le Stelle, Savona, 2001.

desto, assaporandone ogni istante, con la consapevolezza che è unico e irripetibile.

La liberazione definitiva e permanente dalle seghe mentali, o meglio la costante consapevolezza, è stata tramandata nella cultura orientale con il nome di *illuminazione*.

La famosa e misteriosa illuminazione è dunque soltanto questo: uno stato permanente di consapevolezza della realtà.

Non è cosa da niente, naturalmente.

Ma la sua straordinarietà non sta nello stato in se stesso, bensì nella sua *durata*.

Tutti siamo capaci di essere consapevoli qualche volta, ma pochi sempre.

Naturalmente anche lo stato di illuminazione è una mitizzazione.

Non si può infatti essere proprio sempre nello stato di consapevolezza.

Neanche il Buddha c'era (qualche volta s'incazzava pure lui).

Tuttavia vale la pena cercare di esserci il più a lungo possibile.

Perché trovarsi in quello stato significa sciogliere la tensione che è in noi, uscire dalla «condizione umana» di sofferenza continua.

Infatti lo stato di illuminazione è stato definito dal Buddha «la liberazione dalla condizione della sofferenza umana».

Il segreto è: *non farsi aspettative ma godersi la vita per quello che è.*

Qualsiasi cosa sia

E imparare ad *amare*.

Lo stato di illuminazione è più diffuso di quanto non si creda, negli esseri umani.

Mio figlio Yuri, che fino a ventisette anni, prima di essere ucciso dai virus, ti sapeva ascoltare con pazienza anche quando quello che dicevi non gli interessava per niente, che ti stringeva la mano senza parlare e in questo modo ti faceva capire meglio che con qualsiasi discorso che lui ti amava sempre anche se ti comportavi male, che sopportava senza mai lamentarsi qualsiasi fastidio e qualsiasi tua angheria, che non alzava mai la voce e non si adirava mai, che era sempre disponibile e costituiva un riferimento sicuro per tutti quelli che lo conoscevano, che parlava soltanto quando era importante e necessario, che non ricercava né lussi né ricchezza né gloria né fama né potere ma era felice di una cameretta modesta, di un padre e di una madre litigiosi, di una sorella ribelle e di una fidanzata innamorata, era un illuminato.

E non se n'è mai vantato con nessuno.

Capitolo settimo

Della consapevolezza: teoria

Questo capitolo puoi leggerlo soltanto se hai un'aspirazione a essere colto,[1] altrimenti ti risulterà di una noia mortale. Esso non è indispensabile, agli effetti pratici:[2] è sol-

[1] L'umanità non si divide in persone colte (che hanno cioè una conoscenza completa della cultura: nessuno in realtà è veramente colto) e persone non colte, ma in persone che vogliono diventare colte e persone a cui non frega niente di diventare colte: vedi Socrate (riportato da Platone, non mi ricordo dove).

[2] Questa è formalmente un'esortazione a non leggere questo capitolo: un altro ottimo motivo per essere citato nel *Guinness dei Primati* (nella Sezione «Scrittori autolesionisti»). L'unica ragione per cui l'ho scritto è proprio questa: quella di finire nel *Guinness*. In realtà, adorato/a lettore/rice, ti supplico di leggerlo, questo dannato capitolo. Per convincerti, ti dirò che non posso credere che tu ti voglia così poco bene da desiderare di essere un ignorante. Io so che tu sei invece una persona che ha un grande amore per la cultura e una grande apertura mentale, che ha un'intelligenza pronta e geniale e una curiosità per il mondo, la vita e il sapere, che pochi hanno. Sono sicuro che tu *hai* la curiosità di sapere come diavolo funziona questa dannata consapevolezza. Anzi, a ben pensarci, adesso non puoi fare più a meno di saperlo: è una curiosità che hai sempre avuto, sin da bambino/a, che ti ha divorato per anni, e adesso puoi finalmente soddisfarla. Ah, che goduria! Dacci dentro, dunque! Leggiti questo dannato capitolo! (Ma guarda un po' se devo ridurmi a fare il ruffiano in que-

tanto un'esibizione teoretica da parte mia e quindi fondamentalmente una mia sega mentale, per quanto benefica, che può essere apprezzata soltanto da altri segaioli mentali (benefici), soprattutto maschi.[3]

Tu, se hai soltanto un accenno al mal di testa, rimanda la lettura a un'altra volta perché ti verrebbe un'emicrania da incubo. Se non l'hai, tieniti una compressa di aspirina a portata di mano.

Solo i/le più tosti/e riescono a superare questo punto del libro.

Se ci riesci senza farti prendere dal panico, senza impazzire o semplicemente senza smettere di leggere il libro (cosa, secondo me, molto più grave delle prime due) sei, come si dice, a cavallo.[4]

Veniamo dunque all'esame teorico della *consapevolezza.*

La consapevolezza è una funzione piuttosto complessa, dal punto di vista psicologico.

La consapevolezza è un processo in cui una parte della percezione ha come proprio oggetto la restante parte della percezione. Ossia un processo in cui la percezione percepisce se stessa.

sto modo per ottenere una cosa che gli altri scrittori ottengono normalmente senza dire niente: la semplice lettura di un capitolo! Non chiedo mica poi tanto, porco cane!)

[3] Le signore non devono offendersi, perché non sto dando loro delle ignoranti, bensì sto mettendo in rilievo il fatto che le seghe mentali del tipo scientifico come questa se le fanno soprattutto i signori uomini: il che è uno svantaggio terribile (per gli uomini), perché mentre loro passano il tempo a farsi le seghe mentali scientifiche le signore escono con gli altri uomini, quelli che non se le fanno, che sono sì meno intelligenti, ma anche più *efficienti.*

[4] Non ho mai capito perché si dice così: io quando sono a cavallo non mi sento affatto sicuro, anzi, faccio di tutto per scendere (anche buttandomi giù, anzi soprattutto buttandomi giù).

Infatti, se tu sei consapevole delle tue sensazioni, delle tue emozioni e dei tuoi pensieri, sono essi a essere l'oggetto principale della tua percezione e non i loro rispettivi oggetti.

È in pratica il cervello che osserva se stesso, anzi il proprio stesso funzionamento.

Mi spiego meglio.[5]

Se io percepisco un cavallo (non ha importanza se si tratta di una sensazione o di una immaginazione, ossia se il cavallo c'è davvero, davanti a me, o se me lo immagino soltanto), questa percezione, o *processo percettivo*, è composta di tre *subpercezioni*: 1) la percezione del cavallo come si presenta a me oggettivamente: *oggetto percepito*; 2) la percezione della reazione emotiva che io ho nei confronti del cavallo (ad esempio, di paura): *contesto percettivo*; 3) la percezione di me stesso, ossia l'autoimmagine che ho in quel momento di me stesso (ad esempio di individuo in pericolo): *soggetto percipiente*.

Nello stato comune della percezione ordinaria l'oggetto principale della percezione è banalmente il cavallo.

In tale percezione sono tuttavia sempre presenti anche il *contesto percettivo*, o reazione emotiva, e la *percezione dell'Io*. Essi costituiscono una specie di *contorno* o *modalità* della percezione; non costituiscono però l'*oggetto principale* della percezione, che rimane il cavallo. L'attenzione del soggetto percipiente è cioè concentrata sul cavallo; si può dire che il «fuoco» della percezione è il cavallo.

Se però il «fuoco» della percezione si sposta sul contesto percettivo o sull'immagine dell'Io, sono essi, a divenire gli oggetti principali della percezione.

[5] Quanto segue è tratto da G.C. Giacobbe, *La psicologia dello Yoga*, op. cit., pagg. 97-101.

Lo stato di *consapevolezza* consiste appunto in tale spostamento del «fuoco» della percezione.

Per meglio comprendere il processo, è opportuno crearne un modello rappresentativo.

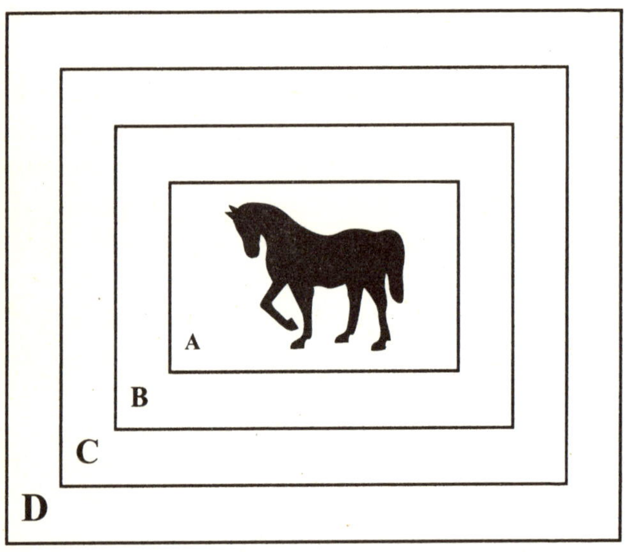

Rappresentiamo la percezione come costituita di quattro schermi *A*, *B*, *C* e *D*, rispettivamente sovrapposti fra loro in quest'ordine: lo schermo *A* rappresenta l'*oggetto percepito* e possiamo pensarlo come uno schermo opaco bianco (come un telone cinematografico) sul quale è proiettata l'immagine di un oggetto, ad esempio il cavallo.

Lo schermo *B* rappresenta il *contesto percettivo*, ossia la reazione emotiva del soggetto alla vista dell'oggetto, e possiamo pensarlo come uno schermo trasparente colorato (in cui il colore rappresenta l'emozione).

Lo schermo *C* rappresenta l'autoimmagine del soggetto, cioè l'Io o *soggetto percipiente*, e possiamo pensarlo anch'esso come uno schermo trasparente colorato (in cui il colore rappresenta la maggiore o minore forza dell'autoimmagine).

Lo schermo *D*, comprensivo di tutti i precedenti, rappresenta l'intero *processo percettivo* e possiamo pensarlo come uno schermo completamente trasparente privo di colorazione.

Nello stato comune della percezione ordinaria l'attenzione è focalizzata sullo schermo *A*: ciò non significa che gli schermi *B* e *C* non vengano percepiti, ma vengono percepiti per così dire *sfocati*, come avviene per i piani di una scena non messi a fuoco dall'apparecchio di ripresa. Essi tuttavia influiscono sulla lettura dell'oggetto dello schermo *A* in quanto lo «colorano», cioè ne determinano il *significato*.

Il significato dell'oggetto consiste infatti nel *rapporto* che il soggetto istituisce con l'oggetto in funzione del contesto.

Il significato dell'oggetto percepito è quindi determinato da: 1) la *consistenza oggettiva* dell'oggetto percepito («oggetto percepito»); 2) l'*autoimmagine attuale* dell'Io («soggetto percipiente»); 3) la *reazione emotiva* che l'Io ha nei confronti dell'oggetto percepito («contesto percettivo»).

Va notato che il soggetto percipiente e il contesto percettivo costituiscono il *maggiore apporto* alla determinazione del significato dell'oggetto percepito, mentre quest'ultimo, o meglio la sua consistenza oggettiva, gioca paradossalmente un ruolo minore, in codesta determinazione.

Un esempio può chiarire meglio il concetto.

Se l'oggetto percepito consiste in una comunicazione verbale, il suo significato è determinato da: 1) la consistenza oggettiva della comunicazione verbale, ossia il suo significato linguistico e il suo tono acustico, poniamo

«Chi sei?» proferito con tono alto di voce (*oggetto percepito*); 2) l'immagine che il soggetto ha di se stesso in quel momento, poniamo un'immagine di individuo perseguitato (*soggetto percipiente*); 3) la reazione emotiva dell'Io all'oggetto percepito, poniamo l'attivazione di un programma di condizionamento di difesa, che si concreta in uno stato di tensione (*contesto percettivo*).

In definitiva, il significato dell'oggetto percepito che è stato determinato in questo caso è quello di *minaccia*. Giovanni telefona a Lucia. Lucia, non riconoscendolo, gli chiede: «Chi sei?». Giovanni si sente una merda perché è stato appena lasciato da Lucia. E con questa domanda si sente ulteriormente rifiutato da lei. «Chi vuoi che sia?» risponde. «Sono io!» Con un'aggressione di difesa a una presunta (ma non reale) aggressione. E così si interrompe la comunicazione. Questi meccanismi sono consueti nella interazione quotidiana tra gli esseri umani. E sono alla base dei nostri problemi sociali.

Non sempre il significato attribuito da un soggetto a un oggetto è *reale*, cioè non sempre corrisponde alla reale consistenza dell'oggetto.

La nevrosi potrebbe definirsi da questo punto di vista come la cronicizzazione dell'attribuzione di significati non reali agli oggetti da parte del soggetto nevrotico.

Nello stato di *consapevolezza*, l'attenzione è focalizzata sullo schermo *B* (primo stadio: consapevolezza della reazione emotiva, cioè del *contesto percettivo*), oppure sullo schermo *C* (secondo stadio: consapevolezza dell'immagine dell'Io, cioè del *soggetto percipiente*).

Ciò non significa che lo schermo *A* non venga percepito, ma viene percepito *sfocato*, in quanto il «fuoco» dell'attenzione è stato spostato dallo schermo *A* rispettivamente allo schermo *B* e allo schermo *C*.

Prendiamo adesso in considerazione il *centro di identificazione del soggetto* nella nostra rappresentazione.

Esso è di estrema importanza, perché è quello che determina precisamente lo stato percettivo del soggetto, dallo stato comune della percezione ordinaria allo stato di consapevolezza.

Vale qui la legge psicologica scoperta implicitamente dalla psicologia orientale[6] ma ripresa esplicitamente nella *psicosintesi* di Roberto Assagioli:[7]

Noi siamo dominati da ciò con cui ci identifichiamo, ma dominiamo ciò con cui non ci identifichiamo

Il centro di identificazione del soggetto è sempre situato nello «schermo» immediatamente sovrapposto a quello su cui è focalizzata l'attenzione.

Nello stato comune della percezione ordinaria, in cui l'attenzione è focalizzata sullo schermo *A*, il centro di identificazione del soggetto è situato in corrispondenza dello schermo *B*: infatti il soggetto si identifica con la propria reazione emotiva (*contesto percettivo*), è totalmente preso da essa.

Nel primo stadio dello stato di consapevolezza, in cui l'attenzione è focalizzata sullo schermo *B*, il centro di identificazione del soggetto è situato in corrispondenza dello schermo *C*: infatti il soggetto si identifica con il proprio Io e osserva la propria reazione emotiva con distacco.

Nel secondo stadio dello stato di consapevolezza, in cui

[6] Segnatamente da quella yogica: cfr. G.C. Giacobbe, *La psicologia dello Yoga*, op. cit., pagg. 43-44 (Patanjali, *Yoga Sutra*, II, 20) e pag. 99.

[7] Cfr. R. Assagioli, *Principi e metodi della psicosintesi terapeutica*, Astrolabio, Roma 1973.

l'attenzione è focalizzata sullo schermo *C*, il centro di identificazione del soggetto è situato in corrispondenza dello schermo *D*: infatti il soggetto non si identifica più con il proprio Io ma con lo stesso *processo percettivo*. Immagine dell'Io (schermo *C*), reazione emotiva (schermo *B*), e oggetto percepito (schermo *A*) sono ancora percepiti, ma il soggetto non si identifica più con alcuno di essi, in particolare non si identifica più con l'Io (soggetto percipiente ordinario) e con le sue reazioni emotive: soggetto e oggetto della percezione è *lo stesso processo percettivo*.

A questo punto il soggetto percepisce se stesso come *impersonale*, come un osservatore impersonale o meglio come *lo stesso atto dell'osservazione*.

La consapevolezza non è una funzione sempre attiva. Anzi, per la maggior parte della nostra vita non lo è affatto.

Vi sono persone che non attivano mai questa funzione. Esse sono le persone più vicine allo stadio animale preumano. Il processo cerebrale della consapevolezza è infatti un risultato dell'evoluzione del cervello umano.

L'essere umano è comunemente in grado di attivare il processo della consapevolezza, anche se soltanto occasionalmente.

A volte, il processo della consapevolezza si attiva spontaneamente, come nel caso di un incidente grave: ti ritrovi a guardarti dall'esterno, per così dire, e ti vedi agire come se fossi un altro.

Questo fa pensare che tale processo costituisca per il nostro organismo una specie di *processo di difesa*, una sorta di spersonalizzazione che mettendo momentaneamente in pensione l'Io impedisce che esso subisca e introietti nell'inconscio ferite narcisistiche che ne possano compromettere l'equilibrio e quindi la sopravvivenza: una specie di valvola di sicurezza della tensione, che non deve oltrepassare il punto oltre il quale essa diviene un atto di autooffesa.

Anche il fatto che tale processo si attivi nel caso dell'assunzione di sostanze stupefacenti (non soltanto l'eroina e la morfina ma anche l'alcol e la nicotina) depone appunto per un processo cerebrale di difesa, simile all'inibizione del dolore causata dalle stesse sostanze.

Non a caso in quasi tutte le cerimonie religiose dell'antichità gli officianti assumevano sostanze stupefacenti per raggiungere una condizione di spersonalizzazione e quindi di visione transpersonale.

Lo stato di consapevolezza è dunque un fenomeno *ordinario*, anche se non frequente.

Non è un'esperienza straordinaria infatti, per quanto eccezionale, il divenire consapevoli del proprio stato emotivo o della propria autoimmagine in una determinata situazione particolarmente carica di tensione emotiva. Essa fa comunque parte della percezione ordinaria. Non richiede l'assunzione di uno stato di trance.

Abitualmente, tuttavia, l'esperienza della consapevolezza si presenta come un *flash*, ha cioè una durata brevissima o comunque *temporanea.* Questo, se rimane un processo spontaneo.

Ma come tutte le funzioni umane, anch'esso è in realtà un processo involontario-volontario.

Noi siamo in grado, cioè, di attivare il processo della consapevolezza volontariamente, mediante un atto di volontà.

Dobbiamo soltanto pensarci.

È sufficiente infatti che spostiamo la nostra attenzione dall'oggetto della percezione alla modalità della percezione stessa, cioè alla nostra reazione emotiva o all'immagine che abbiamo di noi stessi in quel momento.

Rimangono da spiegare i due fenomeni che caratterizzano lo stato di consapevolezza e che ne fanno una risoluzione così potente della tendenza nevrotica (cioè delle cosiddette « seghe mentali »): il distacco dalla reazione emotiva e la dissoluzione del pensiero analitico.

Entrambi si spiegano con lo spostamento del centro di identificazione del soggetto da un campo rappresentativo dinamico a un campo rappresentativo statico.

Il *distacco*, importante per l'igiene mentale perché si risolve in un non rafforzamento delle tracce mnestiche delle reazioni emotive (cioè della *tensione*) e quindi nella sua non introiezione a livello inconscio (in quanto la reazione emotiva rimane a livello superficiale), è infatti dovuto allo spostamento del centro di identificazione del soggetto dalla reazione emotiva all'autoimmagine dell'Io. Per esempio, se io dico che sei un pezzo di merda, tu hai una reazione che si registra nella tua memoria e si riproduce nella tua mente nei giorni successivi. Se sei molto fragile, finirai per sentirti davvero un pezzo di merda. Se invece sei distaccato, subisci l'aggressione, ma *non* la registri e quindi essa non avrà alcuna conseguenza in te.

La reazione emotiva registrata in memoria si concretizza in un processo organico (soprattutto l'attività delle ghiandole endocrine e la contrazione muscolare), ossia in un *atto* o in una serie di atti. La sua rappresentazione soggettiva assume la forma di un *processo dinamico.* Il nostro linguaggio ha colto la sua essenza quando la definisce « agitazione ».

L'autoimmagine dell'Io consiste invece in *una rappresentazione statica.*

È proprio la staticità dell'autoimmagine dell'Io, con la quale il soggetto si identifica, che tende ad abbassare il livello di tensione proprio della reazione emotiva. Infatti la staticità rappresentativa dell'autoimmagine dell'Io costituisce una controtendenza rispetto alla rappresentazione dinamica della reazione emotiva. Ad esempio, se io mi sento un buddha, e non mi identifico con la mia reazione emotiva ma con una personalità, la reazione emotiva non si registra e non produce effetti negativi. In questo caso il mio Io non viene toccato dall'aggressione.

La *dissoluzione del pensiero analitico*, importante perché con essa si elimina la tendenza nevrotica, è dovuta allo spostamento del centro di identificazione del soggetto dallo stesso processo del pensiero analitico (percezione ordinaria) al ruolo dell'osservatore (consapevolezza).

E anche qui, mentre il primo costituisce un campo rappresentativo dinamico, il secondo costituisce un campo rappresentativo statico.

È come se l'energia psichica, che normalmente nella percezione ordinaria è concentrata sul processo del pensiero analitico (per cui esso risulta autoalimentato) si spostasse altrove (sul ruolo dell'osservatore) e quindi lo privasse della propria forza.

Evidentemente il campo rappresentativo nel quale si costituisce l'autoidenficazione del soggetto viene investito dell'energia psichica necessaria a renderlo attivo. Essa viene quindi sottratta agli altri campi, che tendono a divenire inattivi.

Lo stato di consapevolezza costituisce dunque un processo complesso ma importantissimo, ai fini della prevenzione (e in taluni casi non gravi anche della terapia) della nevrosi.

Non a caso le culture antiche – e segnatamente quella orientale (che non era comunque esente dalla tendenza nevrotica, se ha elaborato tecniche per eliminarla), caratterizzata ancora oggi nella sua globalità da un'economia principalmente rurale e artigianale – utilizzano lo stato di contemplazione (che a noi sembra di fannullaggine) come antidoto alla frustrazione quotidiana. E di fatto la nevrosi vi è molto meno diffusa. Chi ha viaggiato in Oriente, dall'India all'Indonesia, dalla Thailandia alla Cina, non può non avere notato una maggiore generale diffusione della distensione e del sorriso fra quelle popolazioni che, più povere di noi, sembrerebbero avere invece più problemi di sopravvivenza.[8]

Nell'ambito della cultura italiana esiste un'area culturale legata ad antichi schemi percettivi e comportamentali di origine probabilmente orientale: la cultura *napoletana*, che ha come sua caratteristica tradizionale proprio il processo, da parte dei soggetti, di oggettivazione del proprio stato psichico e del proprio Io, o meglio del proprio ruolo sociale, ossia un vero e proprio processo di autoosservazione e quindi di consapevolezza.[9]

[8] In generale, i poveri sono più felici dei ricchi. Incredibile ma vero. Forse è una vendetta della natura. Altrettanto incredibilmente, però, gli stessi poveri fanno di tutto per diventare ricchi e i ricchi fanno di tutto per rimanere (e anzi, potendo, per diventarlo ancora di più) ricchi e quindi infelici. Va' a capire il mondo!

[9] Se sei riuscito a leggere tutto questo capitolo senza essere stato trasportato d'urgenza al Pronto Soccorso per emicrania acuta all'ultimo stadio, puoi partecipare al concorso «Quelli che hanno letto il terribile capitolo *Della consapevolezza: teoria* del libretto di Giacobbe e sono sopravvissuti», senza estrazione ma a premiazione diretta (per questo concorso si prevedono infatti pochissimi concorrenti). Il premio consiste in un viaggio (di sola andata) in un isolotto deserto e privo di acqua dell'arcipelago delle Eolie. Gli organizzatori del concorso tengono a notificare ai concorrenti che le condizioni non favorevoli della situazione da loro offerta ai vincitori non destano in essi alcuna preoccupazione né alcun senso di colpa, in quanto sono sicuri che chiunque sia sopravvissuto alla lettura di questo capitolo sia in grado di sopravvivere in qualunque situazione, anche la più avversa.

Appendice

Del cosa può fare un povero nevrotico (meglio se ossessivo) per smettere di farsi le seghe mentali

Il mantra

Benvenuto, caro/a il/la mio/a nevrotico/a, a questa «Appendice» dedicata espressamente a te![1]

Se hai il cervello completamente fuso dalle seghe mentali, questo è il tuo capitolo! Anzi, gli altri, adesso te lo posso dire, non ti servono assolutamente a niente.[2]

Infatti, se sei invaso/a dalle seghe mentali, non hai praticamente la capacità di arrestare il tuo flusso mentale e quindi puoi tentare soltanto di dirigerne il getto verso

[1] Fra tutti i nevrotici che sono saltati diligentemente dal Capitolo Sesto a questa Appendice verrà estratta una vacanza a un Club Mediterannée, dove potranno consolarsi constatando che la loro disgrazia non è un caso unico in tutto l'universo ma presenta almeno alcune altre migliaia di casi. Per partecipare al concorso, occorre inviare il curriculum vitae e una foto recente (non più vecchia di vent'anni) all'AIDS (Associazione Italiana Divorziati e Separati), che spera con questa iniziativa di riuscire a raccogliere qualche adesione (quest'associazione non sa perché, ma è convinta di essere vittima di una fattura, perché a solo nominarla la gente scappa come tarantolata).

[2] Spero che questa notizia faccia avere un orgasmo al masochista che si è letto tutto il libro soffrendo come un cane per poi scoprire che è stato assolutamente inutile.

una direzione non pericolosa. È come se avessi una pistola puntata alla tempia da parte di un terrorista deciso e fanatico: non lo puoi convincere su due piedi a non spararti, puoi soltanto abbassare la testa all'ultimo momento e fargli sparare contro il tuo vicino.

Se dunque sei un/a nevrotico/a, e in particolare un/a nevrotico/a ossessivo/a (il mio caso preferito), puoi ricorrere inizialmente a una tecnica particolare: quella del *mantra*.

Il mantra è una parola qualsiasi, generalmente di due sillabe, che viene ripetuta il più a lungo possibile, verbalmente o mentalmente.[3]

La tecnica mantrica è antichissima. La troviamo in tutti i riti religiosi, compresi quelli sciamanici.

È presente anche nella tradizione cristiana: la preghiera

[3] La ripetizione verbale del mantra ad alta voce rende più facile la concentrazione ma presenta l'inconveniente di interferire con la respirazione, in quanto è impossibile pronunciare in modo chiaro una qualsiasi parola durante l'inspirazione. Si ovvia all'inconveniente usando un'inspirazione brevissima, che va però ad alterare l'equilibrio ritmico della respirazione. Inoltre presenta l'inconveniente di dover essere praticata in luoghi particolari, non frequentati o frequentati soltanto da praticanti, e quindi di dover essere limitata a sedute specifiche, se non si vuole incorrere nel rischio di vedersi trasportare d'urgenza al pronto soccorso neurologico. La ripetizione mentale del mantra è più difficile da mantenere, ma evita i suddetti inconvenienti, per cui presenta l'indubbio vantaggio di poter essere praticata ovunque e in qualunque condizione, anche durante la normale attività quotidiana. Di fatto, le varie tradizioni che si avvalgono della tecnica mantrica usano l'una o l'altra modalità oppure entrambe. Le tradizioni religiose, le quali adottano normalmente rituali collettivi, si avvalgono prevalentemente della ripetizione verbale. Le tradizioni laiche, come ad esempio quella yogica, usano spesso la ripetizione mentale. Comunque la ripetizione verbale tende a trasformarsi in ripetizione mentale.

ripetuta, come la recitazione del rosario e delle litanie, costituisce una tecnica mantrica.

Come agisce la tecnica mantrica nell'attenuazione dell'ossessione nevrotica?

Semplicemente distaccando l'energia ossessiva dall'oggetto che ne è la causa e riversandola su un oggetto neutro, fino a che, venutane meno la causa, l'energia ossessiva si esaurisce.

Se tu sei ossessionato/a da un pensiero che ti genera tensione, il tuo cervello si trova in uno stato di sovraeccitazione nevrotica, per cui tende a reiterare ossessivamente quel pensiero.

È una specie di spirale, perché ogni volta che tu percepisci quel pensiero, esso, generando tensione, aumenta la sua forza riproduttiva e quindi si ripresenta più forte di prima.

In questo modo l'ossessione aumenta sempre di più autoalimentandosi.

È uno dei più schifosi trabocchetti ideati dal Creatore, insieme con i buchi neri e il più mangi più ingrassi e più ingrassi più mangi.

Una specie di corto-circuito cerebrale, che può mandare in tilt l'automa umano.

Recitando il mantra, tu sposti la carica ossessiva su un oggetto neutro, che non ti genera alcuna tensione, e quindi le togli l'autorifornimento di energia.

Fermare il pensiero su un oggetto neutro è come incatenare la scimmia e impedirle di saltare di ramo in ramo.[4]

[4] Il pensiero, nella cultura indiana, è chiamato proprio così: *Cita*, che comunemente vuol dire «scimmia». Te la ricordi Cita, la scimmia di Tarzan? (Ma se hai visto i film di Tarzan, quanti anni hai? E alla tua età ti fai ancora le seghe mentali?).

Il processo di eliminazione dell'ossessione nevrotica può richiedere un certo tempo (da alcuni mesi ad alcuni anni, a una vita intera), a seconda dell'energia ossessiva accumulata, però in genere dà buoni risultati e ha l'indubbio vantaggio della sua facilità di impiego: infatti per un nevrotico ossessivo usare una tecnica ossessiva è la cosa più facile e divertente di questo mondo.[5]

Il mantra non significativo

Il mantra non significativo può essere una parola qualsiasi. «Coca Cola» va benissimo.

Chiunque affermi il contrario mente per interesse.[6]

Cosa devi fare allora, caro/a il/la mio/a bel/la nevrotico/a ossessivo/a (il mio caso preferito)?

[5] La pratica sistematica del mantra è al centro di due movimenti oggi diventati di grande rilievo in Occidente: la Soka Gakkai, fondata da Nìchiren Daishònin, un monaco buddhista giapponese del tredicesimo secolo, che fa uso del mantra «Nam myoho renge kyo» (vedi: *Felicità in questo mondo*, Istituto Buddista Italiano Soka Gakkai, Firenze, 2001, e la «meditazione trascendentale» fondata da Maharishi Mahesh, che fa uso di mantra personalizzati (vedi: Jack Forem, *Meditazione trascendentale*, Ubaldini, Roma, 1976).

[6] La Coca Cola, per mettere qui il suo nome, mi ha offerto una confezione gratis da dodici lattine. La Pepsi mi ha detto che questa stronzata di libro non avrebbe avuto nessun successo e quindi non mi ha offerto nemmeno una lattina. Se siete dei patiti della Coca e odiate la Pepsi (ma quanti ne trovo così?), vi suggerisco una bellissima figata: comprate un casino di copie di questo libro e andate a regalarle ai consumatori di Pepsi. Avrete la soddisfazione di fare un dispetto a una multinazionale potentissima e forse (se comprate *davvero* un casino di copie) riuscite anche a farla fallire. Una bella sega mentale, no?

Devi ripeterti come un/a deficiente «Coca Cola, Coca Cola, Coca Cola, Coca Cola...».[7]

Facile, no?

Per quanto tempo?

Sempre.[8]

Finché smetti di pensare alla tua ossessione e ti sei preso l'ossessione del mantra.

Mi dirai, ma che stronzata è questa? Lascio un'ossessione per prenderene un'altra?

Sissignore.

Lasci un'ossessione malefica per prenderne una innocua.

Dato che il tuo cervello nevrotizzato è sovraeccitato, ossia gestisce forzatamente un surplus di energia (che tra l'altro prende da altri distretti energetici dell'organismo, per cui spesso ti senti sfinito fisicamente), non è in grado

[7] Ti suggerisco, come ho già detto, di non farlo a voce alta, per non ritrovarti a doverlo fare in un reparto Neuro, che non è precisamente il luogo in cui uno smette di farsi le seghe mentali. E poi tanto la Coca Cola alla Neuro non te la danno (al massimo ti danno una camomilla).

[8] Una seduta specifica giornaliera, in cui ti siedi comodamente nella tua poltrona preferita, ti rilassi e per almeno venti minuti ti ripeti ad alta voce o mentalmente il mantra, è consigliabile, se sei un/a nevrotico/a tosto/a. A essa dovrai aggiungere la ripetizione mentale del mantra nel corso di tutta la giornata contemporaneamente alle tue normali attività quotidiane (è meglio che sospendi un attimo quando attraversi la strada e guardi se per caso non ti sta arrivando addosso un tir, se non altro per non dare al destino la soddisfazione di risolvere troppo semplicisticamente il tuo caso, sia pure disperato). Se sei un/a nevrotico/a in fase inziale, ti potrai limitare alla ripetizione mentale nel corso della giornata. È comunque consigliabile che tu ti rivolga a un terapeuta esperto della materia (non ne conosco altri che me).

di passare istantaneamente da un regime di alto consumo energetico a uno basso, ossia normale, ma ha bisogno di un congruo lasso di tempo per diminuire gradualmente la sua attività: è quindi necessario il passaggio attraverso una forma di attività altrettanto intensa ma non autoalimentata, in modo che essa diminuisca spontaneamente e gradualmente.

Sembra una cretinata ma funziona.

Quando, dopo avere ripetuto all'esasperazione il mantra, che sarà diventato una specie di rifugio mentale nel quale avrai soggiornato abbastanza a lungo da esaurire la tua ossessione, questa non ti affliggerà più e potrai allora passare alle tecniche descritte nel Capitolo Sesto, le quali ti permetteranno di non farti più le seghe mentali.

Neppure quelle mantriche.[9]

Il mantra significativo

Se sei affetto/a da una nevrosi depressiva (il che è molto difficile, perché non leggeresti questo libro: infatti cosa gliene importa a un depresso di leggere un libro? E tanto più uno come questo. Che lo deprime ancora di più), la tecnica mantrica non ti serve a un bel niente, per il semplice motivo che non hai addosso un'energia ossessiva da utilizzare per attuarla.

[9] Il lettore nevrotico ansioso od ossessivo è autorizzato a questo punto a saltare indietro a leggere il Capitolo Sesto, poi il Capitolo Settimo, e quindi a ritornare a questo punto e proseguire la lettura fino alla fine del libro. Il lettore depresso (ma a questo punto ho paura che *qualunque* lettore sia diventato depresso) è invece esortato a leggere ancora il paragrafo successivo, a lui espressamente dedicato, e quindi a seguire la stessa procedura dell'ansioso (così non potrà lamentarsi di essere il solito sfigato).

Tuttavia può in certi casi esserti utile una tecnica mantrica *significativa*, specialmente a motivo religioso, perché da buon/a depresso/a speri sempre che qualcuno possa aiutarti a uscire dal tuo stato (è tipico del depresso non far niente ma aspettarsi che gli altri facciano qualcosa per lui), e se questo qualcuno è il Creatore, be' allora è uno che ha tutte le carte in regola per farlo.

Il mantra significativo aggiunge alla potenza meccanica del mantra la potenza della *suggestione.*

Se invece di recitare «Coca Cola», tu reciti «Mio Dio»,[10] crei nel tuo inconscio la convinzione che il Creatore sia disponibile ad aiutarti nel tuo abnorme caso di infelicità (anzi, particolare e unico caso di sfigatissima e fottutissima infelicità in tutto l'universo).[11]

Se ci credi, la cosa funziona.

Se non ci credi, naturalmente no.[12]

[10] Qui, lo giuro, non ho avanzato (né ricevuto) nessuna proposta di sponsorizzazione.

[11] Questa mellifua sviolinata al depresso, dichiarandolo il massimo caso di sfiga dell'universo, la faccio da quando, alle prime armi e quindi inesperto, mi sono sentito dare del cretino da un depresso che si dichiarava essere un bersaglio speciale della cattiveria degli dèi e al quale io invece ho ribattuto con il buon senso comune (che, come si vede, non solo non ci azzecca sempre, ma addirittura qualche volta è pericolosissimo) che c'erano altri ben più sfortunati di lui. Aveva ragione, a darmi del cretino: gli toglievo l'unica soddisfazione che rimane a un depresso: quella di essere il vincitore assoluto, il primo in tutto l'universo (riguadagnando così l'esaltazione dell'Io), nel concorso cosmico della sfiga universale. Da allora confesso sempre ai depressi che sono assolutamente convinto (ma li prego di non andare a dirlo in giro, a salvaguardia della mia reputazione) che il Padreterno ha creato l'universo al solo scopo di metterlo nello stoppino a loro. Una teoria metafisica che meriterebbe una posizione di maggiore rilievo, aggiungo, nella storia della filosofia.

[12] Per inciso, questo vale per qualsiasi terapia. Il che spiega il

In quest'ultimo caso, puoi usare il nome di una qualsiasi entità o ideale nel quale credi.

Ad esempio, «Armonia, Amore».[13]

Anche il nome di una persona scomparsa[14] o lontana alla quale sei particolarmente legato/a è capace di suscitare suggestioni molto potenti, e quindi adatto a essere assunto come mantra significativo.

Il mantra significativo è alla base di tutte le pratiche religiose, compreso il cristianesimo. La sua efficacia è fuori di dubbio.

Il meccanismo è sempre lo stesso: concentrando il pensiero su un oggetto non disturbante, o addirittura gratificatorio (nel caso del mantra religioso esso è gratificatorio perché gli si conferisce un potere taumaturgico), gli si im-

successo di maghi, streghe, negromanti, oroscopisti, cartomanti, e di tutte le terapie alternative. Ma anche, in molti casi, quello delle medicine e delle psicoterapie scientifiche che, bisogna ammetterlo, sono spesso meno convincenti di quelle inventate apposta per i citrulli. Proprio per questo.

[13] Ti suggerisco questo mantra, se non sei affetto/a da una nevrosi particolarmente fastidiosa (e quindi ti consideri, naturalmente, perfettamente sano/a). Lo puoi ripetere mentalmente e in modo particolarmente efficace immaginando di immettere, durante l'inspirazione, tutto l'universo dentro di te componendolo in una perfetta armonia dalla quale sono eliminati tutti i conflitti e le sofferenze, e immaginando di emanare, durante l'espirazione, una luce e un calore d'amore che riempie tutto l'universo. Se praticato abbastanza a lungo, diciamo per almeno un mese con sedute quotidiane di mezz'ora, è capace di condurti a sentirti in perfetta armonia con gli altri e a indurti all'amore universale. Ovviamente, prima di intraprendere una tale impresa, è bene che tu ti chieda se veramente desideri un tale risultato, brutto/a egoista, avaraccio/a, maligno/a e pettegolo/a che non sei altro!

[14] Purché tu abbia già superato il trauma immediato della sua scomparsa.

pedisce di imperversare su altri oggetti mentali fastidiosi o addirittura dolorosi.

Il mantra significativo ha l'indubbio vantaggio, rispetto al mantra non significativo, di poter essere usato anche nei casi di nevrosi diverse da quella ossessiva, come quella semplicemente ansiosa e soprattutto quella, come ho già detto, depressiva.

La ragione è che il mantra significativo non soltanto crea un corto circuito cerebrale, ma che tale corto circuito cerebrale ha una valenza *evocativa*, ossia istituisce collegamenti sinaptici con altri circuiti cerebrali privi di eccessi di tensione e quindi soggettivamente gratificanti.

Una volta abbassata la tensione generale, diventato una persona normalmente afflitta da seghe mentali senza particolari eccessi, ossia normalmente infelice, potrai passare a usare le tecniche di cui ho già parlato nel Capitolo Sesto,[15] le quali vertono sulla *consapevolezza*, una funzione psichica, e quindi cerebrale, che può essere attivata

[15] O meglio ne parlerò, visto che tu dovresti essere qui a leggere questa Appendice ancora prima di avere terminato di leggere il Capitolo Sesto. Ma lo hai fatto davvero? Guarda che ti sto sorvegliando! (Se ti senti sorvegliato/a, sei un/a segaiolo/a mentale irrecuperabile). Questo è praticamente un controllo della lettura, che segue come avrai notato una specie di percorso da gioco dell'oca: espediente che ho usato per impedirti di addormentarti, visto che il libro in sé non ha nessuna speranza di riuscirci.

[16] Coloro che hanno seguito l'itinerario di lettura da me consigliato, e quindi sono arrivati a questo punto dopo avere letto la prima parte del Capitolo Sesto, questa Appendice, per poi tornare al Capitolo Sesto, proseguire per il Capitolo Settimo e quindi ritornare alla fine di questa Appendice, possono partecipare al concorso più bello di tutti quelli promossi da questo libro, dal titolo «Ma chi sono i pazzi che sono stati a seguire quella belinata del gioco dell'oca della lettura proposto nel libretto di Giacobbe?»: compila una cartolina (una

soltanto in uno stato di non eccessiva tensione, e che quindi costituiscono una pratica più preventiva che terapeutica.[16]

qualsiasi, anche con la vista di Napoli) e spediscila all'editore. A *tutti* coloro che parteciperanno al concorso (contrariamente a tutti i concorsi del mondo dove si vince per estrazione, qui vincono tutti quelli che partecipano: infatti si prevede che i partecipanti saranno pochissimi, se non addirittura nessuno) verrà regalata in omaggio un'altra copia del libro. Io l'ho detto all'editore, che questo concorso è una scemata, perché uno che s'è comprato questo libro non soltanto non se ne fa niente di un altro, ma se ne ha lette anche soltanto due righe farà di tutto per non averne un altro. Ma lui ha insistito che se non fa così non riesce a farle fuori, le copie che ha stampato. A questo punto ti suggerisco una figata. Se ce l'hai con gli editori (e tutti ce l'hanno con gli editori; perché tu no?!), è l'occasione buona per fregarne uno: compra un casino di copie di questo libro e spargile nelle panchine dei giardinetti, nelle sale d'aspetto delle stazioni ferroviarie e dei dentisti (dove uno è disposto a leggere qualsiasi porcheria pur di non pensare a quello che gli sta per capitare), o meglio ancora regalale ai tuoi migliori amici, ai quali potrai così dare del nevrotico senza dirglielo apertamente in faccia (cosa sempre pericolosa, con un nevrotico). Così all'editore gli prende un attacco di bile. Divertente, no?

Incontri

Le palme sono alte e torreggiano in mezzo al prato circondato dalle siepi ben curate e dai fiori.

Anche le altre piante sono prevalentemente tropicali, e si adattano bene al clima mediterraneo.

I bambini più piccoli corrono e gridano, spingendosi e rotolandosi sull'erba.

I ragazzi più grandi giocano alla palla, usando i loro giubbotti ammonticchiati e i loro zaini di scuola come pali di porte improvvisate.

Il giardino costeggia il mare e una brezza marina riempie le narici dell'odore del salmastro e delle alghe.

Un gabbiano stride e vola basso sulla scogliera, appena sotto il muraglione che divide il giardino dal mare.

Il giardino è grande, con vialetti tortuosi che lo percorrono in tutte le direzioni. In fondo si vede il roseto, rigoglioso e ben curato.

Un anziano signore passa nel vialetto, lentamente ma con sicurezza, tenendo per mano un piccolo bimbo.

In una panchina una giovane madre veglia il suo piccolo addormentato nella carrozzina.

La primavera fa sbocciare tutte le piante e il suo tepore riempie il giardino illuminandolo coi raggi del sole del mattino.

La brezza adesso soffia lungo il giardino e il profumo delle magnolie ha preso il posto del salmastro e riempie le narici di un dolce molto intenso.

Uno scoiattolo si è fermato nell'aiuola e fissa immobile il prato, eretto sulle zampe posteriori come un umano, tenendo fra le zampe una ghianda.

È un uomo di sessantacinque anni.

Però giovanile.

Ha folti capelli neri e folte sopracciglie.

È tarchiato, piuttosto basso di statura, ma aitante e ben vestito.

Si vede che appartiene a una classe sociale agiata.

È un professionista.

Si muove a scatti, come se i suoi arti fossero molle che scaricano a tratti una tensione inesauribile.

Come gli scoiattoli che intorno a lui si muovono con piccoli balzi da un ramo all'altro.

Dice che non può dimenticare la moglie dalla quale si è separato otto anni fa.

È lei ad averlo abbandonato e anche se lei non lo ha mai ammesso, lui è sicuro che è stato per un altro.

Lui, la separazione non l'ha mai accettata.

Per lui lei è ancora sua moglie.

Adesso la sorveglia, la pedina, spia ogni sua mossa.

Se dovesse sorprenderla con un uomo, dice, per lui sarebbe finita.

Perché il solo pensiero che lei abbia un altro uomo, che lui non sia più l'uomo della sua vita, lo getta in una terribile prostrazione, lo riempie di una rabbia incontenibile.

E ha paura di compiere una pazzia.

Lo scoiattolo si infila rapidissimo la ghianda in bocca e parte di scatto verso la quercia vicina.

Si arrampica lungo il tronco velocemente e con grande abilità, fino a scomparire alla vista nel folto della chioma.

Si odono i rintocchi di una campana, che suona il mezzogiorno.

L'aria è pervasa dal profumo del gelsomino, dell'oleandro, delle rose, portato dalla brezza che adesso è mutata e spira dai monti.

I bimbi e i ragazzi se ne sono andati. Anche gli adulti non ci sono più.

Il giardino è adesso immerso nel silenzio e soltanto qualche lontano stridio di gabbiano fa ricordare che la vita fuori è movimento e azione.

Qui nel giardino tutto è immobile, fermo nel tempo e nello spazio in un'eternità fatta di luci e di colori dove predominano i verdi, i rossi e i bianchi.

Anche i profumi sono immobili, sospesi nell'aria senza vento.

La campagna brucia nel sole dell'estate.

La luce accecante del primo pomeriggio inonda le piante, il prato, il ruscello, lasciando poca ombra in cui ripararsi.

I cinguettii degli uccelli riempiono l'aria.

Si rincorrono lungo il pentagramma in una sinfonia armoniosa e ben costruita.

Lo stridore dei grilli e delle cicale fa da contrappunto al canto degli uccelli, così come il fruscio del torrente, e insieme riempiono il silenzio della campagna con un concerto allegro e appassionato.

Un piccolo uccello sfreccia dalla folta chioma di un albero e si inerpica vogando con le piccole ali su nell'alto del cielo, fino a sparire alla vista, abbagliato dalla grande luce bianca del sole.

È una ragazza di venticinque anni.

Ha lunghi capelli neri e occhi scuri, lucenti.

Il viso è un ovale perfetto.

La fronte è alta, spaziosa.

La distanza fra gli occhi e la bocca è ampia e gli zigomi sono pronunciati.

Il mento è piccolo, aggraziato.

Il suo corpo è magrissimo e teso come quello di un animale in fuga.

Indossa un paio di blue jeans e una felpa grigia con il disegno di un panda in bianco e nero.

Ai piedi ha delle scarpe da footing, bianche e rosse.

Ha paura.

Si guarda intorno continuamente, come se fosse braccata.

I suoi occhi non riescono a fermarsi più di due secondi su uno stesso oggetto.

Le parole le escono dalla bocca come il crepitio continuo di una mitragliatrice, senza sosta, senza pause, senza riflessioni, a una velocità innaturale, si accavallano le une sulle altre, quasi non si distinguono più.

Dice che quando lei aveva dodici anni la madre tentò il suicidio.

Dice che la madre aveva un amante di dieci anni più giovane e non voleva più vivere con il marito.

Lei ha conservato fino a oggi il segreto, ma vive nel terrore che la madre ripeta il suo gesto.

Ogni ritardo, ogni assenza, anche soltanto essere lontana da lei, le crea la paura che la madre possa compiere ancora quel gesto.

Dice che a ogni ritorno a casa si immagina di trovare i parenti in pianto, e la madre morta nel letto.

Un altro uccello esce in volo dal folto degli alberi ed è seguito da un intero stormo di piccoli uccellini frenetici.

Il suono ritmato del battito delle piccole ali si sostituisce ai cinguettii e agli stridii dei grilli e delle cicale, che tacciono di colpo.

Il ritmo cadenzato del piccolo stormo si allontana sempre di più finché diviene silenzio.

E il silenzio ancora una volta invade la campagna, riprende il suo posto nel mondo della natura.

Anche il fruscio del torrente sembra attenuarsi e tutto si ferma in un attimo senza suoni e senza tempo.

La piazza è grande, circolare.

Al centro, la fontana getta zampilli in tutte le direzioni.

Sul suo cornicione siedono coppiette di stranieri, vestiti di colori chiassosi.

Parlano lingue sconosciute, ridono risate incomprensibili, ma riempiono di allegria tutta la piazza.

Intorno, le auto transitano senza sosta, frettolose.

I suoni dei clacson fanno da contrappunto al battito delle ali dei piccioni, che si alzano in volo quando fra loro corre un fanciullo.

È una giovane donna di trentadue anni.

Ha un viso scavato, come quello di certe maschere nordiche, ma ha i capelli e gli occhi nerissimi, tipici delle razze del sud del Mediterraneo o del Nord Africa.

Anche la sua pelle è scura.

Il suo corpo è asciutto, duro, come carne essiccata al sole.

La sua bocca è bloccata in un ghigno di cinismo, di aggressività, di violenza.

Dice che sin da bambina è stata considerata dai suoi familiari e dai suoi compaesani una persona anomala, una reietta.

Le sue precoci e incalzanti pulsioni sessuali sono state considerate una vergogna, un peccato, un crimine.

Si è sempre sentita sporca, colpevole.

E non ne può più di una società ipocrita, repressiva, oppressiva e crudele.

Si sente perseguitata, aggredita, torturata, martoriata.

È per questo che trasgredisce, ovunque e tutte le volte che può.

La sua vita è una lotta continua contro una società stupida e ingiusta.

Il carosello delle auto intorno alla fontana è diventato come un fiume senza storia, un flusso anonimo che congela il suo movimento in una ripetizione senza fine.

I piccioni sono ritornati a posarsi sul selciato che circonda il cornicione della fontana e dondolandosi ritmicamente beccano i popcorn che il fanciullo ha gettato, come uccelli meccanici a molla, che si dondolano all'infinito.

I turisti stampano i loro vestiti colorati e le loro facce volutamente felici sulle pellicole delle loro macchine fotografiche e le loro risate vincono in allegria e vivacità i suoni dei clacson che stancamente si ripetono dandosi la voce attraverso il fiume monotono e anonimo del traffico.

Il concerto delle voci, delle risate, dei ticchettii, dei suoni, diviene un unico suono indistinto, lontano, che si affievolisce sempre più, fino a scomparire nell'immobilità assoluta che è scesa nella piazza, rotonda e perfetta come un mandala vivente.

Il viale è deserto.

I due filari di platani si perdono in lontananza in una prospettiva che fa diventare la strada piccola come una miniatura.

Le panchine si succedono regolari fra gli alberi in una composizione geometrica perfetta.

Le foglie ingiallite dall'autunno veleggiano a lungo nell'aria per poi atterrare sul selciato con la sapienza di consumati alianti.

Si sente sulla pelle la carezza fredda del vento della sera che penetra dentro gli abiti e mette addosso un'energia frizzante.

Anche l'odore dell'aria è frizzante di ozono e le nuvole nere annunciano l'arrivo del temporale.

Un lampo illumina d'un tratto l'orizzonte, il rombo del tuono rotola lontano fra le nubi e si perde in paesi sconosciuti, come una guerra combattuta oltre frontiera.

L'uomo ha quarantacinque anni.

È accasciato sulla panchina come un fantoccio di stracci privo di vita.

Anche il suo viso è molle e cascante come una maschera di cera che si sta liquefacendo.

I suoi occhi sono vuoti e privi di luce.

Il suo sguardo è perduto in una lontananza senza ritorno.

Dice che soltanto l'anno precedente aveva una casa, una famiglia, un negozio, un'auto, un buon guadagno e poteva permettersi tutto ciò che voleva.

Adesso la sua famiglia se n'è andata, con la sua casa, il suo negozio, la sua auto e gli ha lasciato soltanto debiti.

Adesso ha un piccolo lavoro, ma non guadagna abbastanza per poter fare la vita di prima.

E continua a pensare alla sua famiglia, alla sua casa, al suo negozio, alla sua auto.

Al tempo in cui era felice.

Rivede sua moglie elegante e sorridente, la sua casa splendente e ricca, il suo negozio prosperoso e frequentato, la sua auto bella e prestigiosa.

La vita per lui non ha più senso.

Si sente svuotato, privo di energia.

Non ha neppure più voglia di parlare, né di muoversi, né di fare niente.

Le nuvole nere del temporale adesso sono vicine, riempiono il cielo.

Il vento è cessato del tutto e anche le foglie ingiallite dell'autunno hanno smesso di cadere.

La luce del lampo illumina tutto il viale, come il flash di un fotografo.

Il tuono è forte, fragoroso, incombente come i cannoni di una guerra che è giunta nel tuo paese e non vi puoi più sfuggire.

La pioggia viene giù improvvisa, con violenza, come un muro d'acqua che precipiti dal cielo, la cascata fragorosa di un enorme fiume sospeso fra le nuvole.

Il viale ritorna nel suo silenzio deserto e vuoto e accoglie la pioggia con amoroso distacco.

È il tramonto.

Il cielo è di un intenso viola pervinca.

Il sole tinge di rosso carminio la linea dell'orizzonte e vi forma una grande cortina dorata che sfuma in un verde smeraldo, poi in un verde pavone che si perde nell'azzurro viola del cielo.

I gabbiani volano in larghi cerchi sulla superficie del mare, in prossimità della riva, e si lanciano l'un l'altro acuti stridii di richiamo.

La risacca accarezza la scogliera e il suo suono ritma il silenzio che tutto pervade.

C'è uno scoglio stretto e lungo, che si protende nel mare in mezzo alla piccola insenatura, puntato verso l'orizzonte, e alcuni gabbiani vi sono posati e formano macchie bianche sulla superficie scura.

È una donna di cinquantadue anni.

È ancora una donna piacente, ma il suo viso è duro, segnato dal rifiuto.

La sua mandibola è contratta, i suoi occhi hanno una fissità maligna. Si legge in essi il rimprovero, l'accusa, il disprezzo.

Il suo viso segue la fissità dello sguardo, è quasi immobile, inespressivo, eccetto una piega permanente della bocca, rivolta verso il basso.

Anche il suo corpo è rigido, contratto.

Siede eretta sull'orlo della panchina, le mani in grembo, le ginocchia serrate e il mento sollevato, rivolto in direzione del mare, che però non vede come non vede niente di ciò che la circonda.

Non si fida di nessuno.

Dice che nessuno è corretto.

La correttezza, dice, è la cosa più importante della vita.

Dobbiamo rispettarla e ottenerla a qualunque costo.

Lei è sempre corretta.

Gli altri non lo sono mai.

È per questo che non ha amici, che tutti la evitano: perché lei è corretta e gli altri no, ed essi lo sanno e se ne vergognano e quando la vedono sentono il suo giudizio, lo temono, e così la evitano.

Ma a lei non importa nulla.

Non le interessano gli altri, se non sono corretti.

Lei vuole frequentare soltanto persone corrette.

Se non ce ne sono, tanto peggio.

Meglio non frequentare nessuno che frequentare persone scorrette.

Il colore del cielo è diventato un viola scuro, con sfumature nere nelle zone più lontane.

Il sole è definitivamente tramontato ma la sua luce riempie ancora l'orizzonte.

È una luce color porpora al centro, che si iscurisce intorno in un rosso granato e sfuma in alto in un arancione e in un verde scuro, per poi perdersi nel viola nero del cielo.

I gabbiani hanno smesso di volare.

Sono tutti raccolti sullo scoglio e stanno vicini, stretti

l'uno all'altro; formano una grande macchia bianca che si staglia luminosa sulla superficie nera dello scoglio.

La risacca è adesso più incalzante, il suo ritmo più veloce, ma il suo suono è ancora, adesso più di prima, il suono del silenzio, un silenzio totale, definitivo, coessenziale alla materia, un silenzio che riempie tutto questo angolo del mondo, dove la terra, il mare e il cielo non sono più entità separate ma parti di uno stesso immenso quadro, fatte della stessa sostanza, che è puro colore.

È una spiaggetta di pescatori.

Le barche, piccole e tozze, sono allineate sulla battigia e si lasciano accarezzare le larghe pance colorate dall'onda pigra del mare.

I vecchi trascinano le reti gonfie e palpitanti di pesci traendole dai ventri colmi delle barche e scambiano di tanto in tanto qualche parola fra loro, parlano di cose che soltanto loro sanno, di pesci, di mare, di barche, di donne.

Le donne muovono le dita esperte e veloci fra le spire dei pizzi e parlano fittamente, a volte a voce alta e concitate, a volte in tono sommesso e raccolte in segreto, a volte esplodendo tutte insieme in fragorose risate, che si alzano nell'aria come scoppi di mortaretti.

I bambini corrono fra le barche incitandosi con piccole grida; alcuni sono nudi.

I gatti, sdraiati sugli scogli, socchiudono gli occhi al riverbero del sole ma non distolgono lo sguardo dalle reti, ricolme di pesci.

I gabbiani volteggiano sopra la spiaggia ispezionando le barche con i loro occhi acuti e riempiendo dei loro stridii l'aria tersa e luminosa del mattino.

È un giovane uomo, di ventisette anni.

Ha i capelli di un biondo scuro che riflettendo i raggi del sole diviene di un oro quasi platino, gli occhi di un grigio-azzurro in cui si rispecchia tutta la luminosità e la profondità del cielo.

Ha un sorriso appena accennato, che gli allarga le labbra in una curva che tutto accoglie con pace, gioia, armonia, accettazione, comprensione, amore.

È come se con i suoi occhi, con il suo sorriso, abbracciasse quel piccolo angolo di mondo, la spiaggia, le barche, le reti, i vecchi, le donne, i bambini, i gatti, i gabbiani, e li accarezzasse con tenerezza e dolcezza infinite.

Il tempo scorre nel suo alveo profondo ma quel giovane uomo è in ogni punto delle sue sponde, in ogni dirupo, in ogni spiaggia, in ogni sasso, in ogni cespuglio.

Egli è in ogni punto del fiume della vita e dell'universo.

Quel piccolo angolo di mondo diviene allora il mondo intero, raccoglie l'intero universo, e le barche, le reti, i vecchi, le donne, i bambini, i gatti, i gabbiani, divengono tutti gli esseri viventi, gli uomini, le donne, gli animali, le piante, e tutte le cose, i sassi, le nuvole, le stelle, che l'universo ha riversato nel fiume del tempo, che ha sommerso nelle sue acque prima calde e spumeggianti e poi fredde e immobili.

Il giovane uomo guarda e sorride.

Il suo sguardo, come il suo sorriso, è antico più delle barche, delle reti, dei vecchi, delle donne, dei bambini, dei gatti, dei gabbiani.

Nel suo sguardo e nel suo sorriso c'è il silenzio della pace, della gioia, dell'armonia, dell'accettazione, della comprensione e dell'amore universale.

Indice

GIULIO CESARE GIACOBBE

ALLA RICERCA DELLE COCCOLE PERDUTE

Una psicologia rivoluzionaria per il single e per la coppia

Il bambino ha sempre bisogno di qualcuno che gli faccia le coccole. L'adulto si fa le coccole da solo e non ha bisogno di nessuno. Il genitore è l'unico capace di fare le coccole agli altri.
Sull'equilibrio e lo sviluppo di queste tre personalità, che coesistono in noi, si giocano tutta la nostra vita, il nostro benessere, il nostro rapporto con gli altri, la nostra felicità. In natura, in noi e negli animali, le tre personalità si sviluppano armonicamente e in tempi precisi. Purtroppo però, nelle società industrializzate ricche e iperprotette l'evoluzione naturale non avviene, e noi rimaniamo bambini. Questa è la base di tutte le nostre nevrosi. Paure, fobie, panico, ansia, depressione sono tutte manifestazioni di una personalità infantile non evoluta, sempre alla ricerca di amore, di sicurezza, di coccole.
Questo saggio dell'autore di *Come smettere di farsi le seghe mentali e godersi la vita* insegna in modo facile e umoristico a fare il bambino imparando a farsi umili, a diventare un adulto imparando a difendersi e a diventare un genitore imparando ad amare.

PONTE ALLE GRAZIE

Finito di stampare
nel mese di novembre 2004
per conto della Casa Editrice Ponte alle Grazie s.r.l.
da Grafica Veneta S.p.A. - Trebaseleghe (PD)
Printed in Italy